KB204363

과학은 신앙에 묻고 있다

과학은 신앙에 묻고 있다

이재엽 지음

홍성사

차 례

Double Think, 모순의 바다에 빠지다

교사가 칠판에 "Double Think"라고 쓴다. 그리고 학생들을 향해 묻는다. "아는 사람?" 한 학생이 말한다. "반대되는 두 가지 신념을 가지면서 동시에 그 두 가지를 진실이라고 믿는 것." 교사는 고개를 끄덕인다. 그리고 말한다.

"알고 있지만, 고의로 거짓말을 믿기 위해 스스로가 거짓이 되지. 일상생활에서 예를 들어 볼까? 난 행복해지기 위해 아름다워져야 해. 성형수술을 받아야 해. 날씬해져야 하고, 유명해지고, 패션 감각이 있어야 해. 그런데 오늘날 젊은 남자는 그런 여자를 천박하다고 생각해. 쾌락을 위한 하룻밤 상대. 비틀리고 짓밟혀 버려지는 꽃처럼."

실제 Double Think는 도처에 숨어 있다. 오늘날 교회를 다니는 사람들에게도 Double Think가 존재한다. '신앙'과 '과학'이다. 예를 들어 보자. 가끔 대중적인 포털사이트에 진화론에 대한 뉴스가 오른다. 기사는 진화론에 대한 최신 연구 결과를 전한다. 그런데 이러한 기사 아래를 보면 꼭 다음과 같은 조롱 섞인 댓글이 있다.

"이걸 봐도 교인들은 일요일에 교회를 가겠지."

일요일에 교회 가는 것이 진화론과 무슨 상관이기에 이처럼 조롱거리가 되는 것일까. 사이비같이 사회문제가 되는 종교 단체에서 활동하는 것은 공개적으로 지탄받을 수 있다. 반면 기독교는 진리 여부를 떠나, 성탄절이 국가 공휴일로 인정되는 정식 종교이다. 교인이라 불리는 그리스도인이 일요일에 교회 가는 것은 기독교에서 정한 최소한의 종교 활동이다. 여기에 지탄은 물론 조롱받을 이유는 하등 없다.

조롱을 받는 이유는 따로 있다. 과학 때문이다. 앞서 "진리 여부를 떠나"라고 표현한 것은 이전까지 기독교가 진리라고 주장하는 것들을 감히 판단할 수 없었기 때문이다. 그런데 과학이 등장하면서 세상에 산재한 지식들의 진위를 가리기 시작했다. 그 대상은 기독교가 설명하는 인류의 기원도 예외가 아니었다.

기독교는 인류의 기원을 창조에서 설명한다. 성경은 인류가 하나님에 의해 창조되었다고 기록하고 있다. 하나님이라는 절대 신이 의지를 갖고 행동한 결과, 세상을 비롯한 인류가 창조되었다는 것이 기독교가 주장하는 핵심 교리이다.

그러나 과학은 이를 부정한다. 그 선봉장에 선 것은 다름 아닌 진화론이었다. 진화론은 인류가 하나님의 개입 없이도 충분히 생겨날 수 있다고 설명했다. 과학적 방법을 빌려 생물이 그 기원에서 구조와 모습을 조금씩 변화해 온 과정을 제시했다. 굳이 신이 개입하지 않아도 인류 기원에 대해 설명할 수 있었다.

같은 현상을 다르게 설명하자 두 주장은 자연스럽게 부딪힐 수밖에 없었다. 그 가운데 정설로 인정되는 쪽은 과학이었다. 현대에 들어 기독교를 비롯한 종교 대신 과학이 인류 최고의 지성으로 성장했다. 그 결과 교육과 매체에서 종교에 대한 이야기는 꺼리는 반면 과학은 손쉽게 인용할 수 있었다. 과학은 공식적인 사회 통념으로 빠르게 자리 잡았고, 사람들은 신앙보다 과학을 받아들이는 데 부담을 느끼지 않게 되었다.

원래 과학은 성경을 지지하는 학문이었다. 뉴턴으로 대표되는 중세 과학은 오직 신만이 이런 정교한 세상을 만들 수 있다는 생각을 더욱 확고하게 했다. 그러나 과학은 근대에 와서 진화론을 필두로 성경에 반기를 든다. 이를 분기점으로 성경과 과학은 분리되었고, 각각은 서로를 대비하는 신념으로 자리 잡게 되었다.

문제는 두 신념이 사회에서 뿐 아니라 오늘날 신앙인의 머릿속에서도 대립한다는 것이다. 서로를 모순이라고 하는 이 Double Think의 대립은 이성의 학살, 아니 신앙의 학살로 이어진다. 상반된 두 내용을 진지하게 접한 그리스도인이라면 분명 이성이 의문을 가하기 시작할 것이다. 그러나 안타깝게도 교회는 믿겠다는 신자에게는 친절하지만 이성의 의문을 제기하는 신자에게는 이방인처럼 대하기 시작한다. 불친절한 교회는 납득할 만한 설명 없이 과학과 먼 지점에서 이야기를 시작한다. 교회는 교회가 되고, 세상은 세상이 된다. 교회와 세상이 일치하지 않으니, 신앙과 삶이 일치하지 않는다. 아니, 일치하지 않아도 된다. 지금 나에게 필요한, 내가 원하는 내용만 선택적으로 담는다. 신앙의 메시지를 긍정적 사고나 성공학, 심지어 운세에 꿰맞춘다. 기복신앙이라고 한다. 기복신앙은 현대 기독교의 가장 무서운 병폐라고 한결같이 지적한다. 과학과 신앙의 배치는 가히 신앙 학살이라고 할 만하다.

앞서 "납득할 만한 설명"이 없다고 했는데, 교회에서 내세운 설명이 하나 있었다. 이 설명은 진화론을 비롯하여 창조를 부정하는 과학의 허점을 지적하는 동시에, 창조에 과학적으로 접근하려고 했다. 창조과학이다. 신앙의 기초를 위협하는 과학의 공격에 과학으로 대응한다는 점에서는 고무적인 일이었다. 그러나 편견인지 옳은 판단인지 모르겠지만 창조과학은 의사擬似과학으로 분류된다. 의사과학의 '사' 자는 사이비의 '사' 자와 같은 한자를 쓴다. 창조과학은 현대 과학은 물론 사회에서도 인정받는 설명은 아니다.

"대학원 선배들이 교회에 나가 일반 신도들을 대상으로 창조 과학 강연회를 다녀오곤 했습니다. 그들은 창조과학회에서 제작해 준 슬라이드와 대본으로 일정한 훈련을 받은 후에 틈나는 대로 강연을 뛰어다녔습니다. 하루 이틀 공부하고 대본을 달달 외워 선량한 교인들을 상대로 '아멘, 할렐루야' 등의 반응을 이끌어 내는 행위는 열성적 종교 행위일 수는 있을지 몰라도 과학자들이 대중과 소통하는 정상적인 방식은 아닙니다."

편견이 다분히 섞여 있지만 근거 없는 억지 의견은 아닌 것 같다. 이러한 미봉책은 또 하나의 맹신을 낳을 수 있다. 실제 창조

과학의 방패에 갇혀 버린 모습들을 주변에서 어렵지 않게 접할 수 있다.

이성이 묻는 질문은 이성이 내린 결론으로 답해야 한다. 신앙의 기초를 스스로의 이성적 판단 없이 타인의 지식으로 받아들인다면 그 기초는 머지않아 흔들리며 신앙의 건강을 퇴보시킬 것이다. 스스로 판단할 수 없는 지식은 이성을 가두기 때문이다. '지식을 다루는 이성'을 '지성'이라고 한다. 우리가 이단을 분별하기 위해 지성을 갖추어야 하는 것처럼 과학으로부터 신앙을 지키는 지성도 그리스도인에게 필요하다. 아무리 지성의 최고봉이라고 취급받는 과학이라도 신앙을 훼손하려 하면 이를 분별하고 생각할 줄 아는 또 다른 지성이 필요하다. 올바른 이성은 그러한 지성을 갖출 때 비로소 작동하기 때문이다.

_____ 과학은 완벽할까?

물질을 쪼개 그 성질을 유지하면서 가장 작은 크기에 도달하게 된다고 가정하자. 이를 '원자'라고 한다. 원자를 구성하는 중요한 입자로 전자가 있는데, 이 전자가 원자 내를 활발하게 움직이면서 원자의 고유한 특성을 나타내는 것으로 알려져 있다.

20세기 초, 원자 내 전자가 어떤 모습을 띠고 있는지 규명하기 위해 활발한 연구가 전개되었고, 그 결과 양자역학[1]이라는 새로운 물리학이 정립되었다. 이 시대를 함께한 과학자가 있었다. 유명한 아인슈타인이다. 그리고 아인슈타인은 양자역학이 내놓은 결과에 크게 실망하며 다음과 같이 말했다.

신은 주사위 놀이를 하지 않는다.

매우 작은 공 같은 입자인 전자는 행성처럼 궤도운동을 할 것으로 예측되었다. 구체적인 운동이야 어떻든 간에 과학자들은 전자가 분명한 궤적을 보일 것이라고 자신했다. 그러나 전자는 확실한 궤도운동을 보이지 않았고 양자역학의 원리를 따랐다. 양자역학은 전자의 움직임을 뚜렷한 궤적으로 표현하는 것은 불가능하며, 단지 확률로만 예측할 수 있다고 결론지었다. 수많은 과학자가 약속이나 한듯 이 시대에 등장했고, 양자역학에 달라붙었다. 하지만 이들의 결론은 고작 전자의 운동을 확률로만 예측할 수 있다는 패배와 같은 시인이었다.

과학자들은 야구 경기에서 타자가 받아친 공이 분명한 궤적을 보이리라고 예측했고, 공이 배트에 맞자마자 안타냐, 파울이냐를 알아내는 것이 그들의 역할이라고 생각했다. 그런데 받아친 공은 궤적은 물론 방향도 속도도 자취를 감추고 갑자기 도깨비 같은 확률 게임으로 바뀌어 버렸다. 공이 배트에 맞는 순간 확실하게 나와야 하는 결과가 오히려 확률이라는 답답한 정보만 내놓았다. 아인슈타인은 이러한 양자역학의 결론에 실망한 나머지 위와 같이 말한 것이었다. 그는 보다 근원적인 물리법칙을 밝히기 위해 여생을 보냈다.

사람들이 생각하는 것처럼 과학이 진리라면, 아인슈타인 같은 대과학자도 과학이 내놓은 결과를 거부할 수 없다. 양자역학은 당시는 물론 지금까지도 건재하며, 오히려 이후에 새로운 연구 결과까지 더해져 그 기반이 더욱 견고해졌다. 현대 과학에서 양자역학은 과학 내 다른 어떤 학설보다 굳건한 철옹성과 같다.

그러나 아인슈타인이 오늘날까지 살아 있다고 하더라도 양자역학을 인정하지는 않았을 것이다. 대과학자 특유의 고집이나 감각으로 볼 수도 있으나 그보다는 과학을 바라보는 명확한 기준이 그에게 정립되어 있었기 때문이라고 생각한다. 아인슈타인의 거부는 천재성에 근거한 것이 아니라 보통 인간의 이성으로 충분히 가능한 선택이었다. 그는 과학의 정체성을 명확히 꿰뚫어 보고 있었고, 그로 인해 자신의 명성에서 자유로울 수 있었다. 그리고 그가 파악했던 과학의 정체성은 우리와 같은 보통 사람들도 충분히 접근할 수 있는 교양 과학 수준에서 살펴볼 수 있다.

앞에서 말한 과학을 판단할 수 있는 근거, 과학의 정체성은 과학의 두 속성에서 유래한다. 그 두 속성이란 바로 반증가능성[2]과 잠정성[3]이다. 어떤 과학이든 이 두 속성에서 예외가 있을 수 없다. 반증가능성은 어떤 과학 지식에 대해서도 반대되는 주장이 제기될 수 있으며 그러한 가능성에 대해 늘 열려 있어야 한다는 뜻이다. 잠정성이란 임시적이라는 의미를 암시한다. 지금 결론을 내기는 하지만 임시적이며 향후 번복될 수 있다는 의미이다. 아인슈타인은 다음과 같이 설명했다.

아무리 많은 실험을 하더라도 내가 옳다고 단정할 수는 없다. 단 하나의 실험으로도 내가 틀렸다는 것이 드러날 수 있기 때문이다.

과학은 자연현상을 관찰, 측정한 자료를 기반으로 한다. 이들은 단순히 쌓이는 것이 아니라 틀을 형성하고 내용을 배치한다. 그 틀 역시 자료를 기반으로 한다. 따라서 새로 얻어진 과학 자료가 기존 내용에 반하는 것일 때, 다시 틀을 형성하고 내용도 새롭게 구성한다.

반증가능성과 잠정성이 내포하는 정체성은 변화이다. 과학은 스스로 변화의 가능성을 열어야 한다. 변화해야 하기 때문이다. 그래서 지금까지 발전되어 올 수 있었고, 현재를 동반한 미래를 열 수 있었다. 그렇다면 지금의 과학도 변해야 할까? 과학이 찾아낸 결론이 진리라면 더 이상 변하지 않을 것이다. 그러나 진리라고 해도 과학의 옷을 입는 순간 새로운 속성이 입혀진다. 변화의 옷, 반증가능성과 잠정성이다. 과학은 현재에 한하는 최선의 설명일 뿐이며, 그마저도 시험대 위에 올라 있다. 이는 과학의 약점이나 개선해야 할 점이 아니라 과학의 정체성이다. 두 속성이 있어서 그동안 변할 수 있었고, 앞으로도 계속 변해야 하기 때문에 두 속성이 필요한 것이다.

두 속성은 과학에서 또 하나의 정체성을 이끌어 낸다. '불완전성'이다. 과학은 항상 변화의 과정에 놓여 있다. 과학이 내린 결론은 진리가 아니다. 진리를 추구하는, 불완전성을 인정한 수단일 뿐이다. 이 불완전성 안에서 물고 물리는 과학적 논리가 과학자들의 영역이다. 과학과 신앙의 충돌에서 이성의 판단을 기다리는 논점은 불완전성 안에 있는 논리가 아니다. 불완전성 그 자체이다.

따라서 과학을 접할 때, 특히 이성을 뒤흔드는 과학의 주장과 대면할 때, 실제 그것이 포함하는 논리가 어떻든 간에 그가 입은 과학의 속성을 보고 거리를 둘 수 있다. 이러한 의미에서 아인슈타인의 거부도 고집으로만 볼 수 없다. 이론의 한계를 파악하고 구체적인 반증을 내놓을 필요도 없이 반증가능성과 잠정성은 과학 자체의 속성이다. 불완전성은 양자역학을 포함한 과학에 일반적으로 해당한다. 과학의 절차를 충실히 밟아 왔기에 오히려 양자역학은 불완전에서 벗어날 수 없었다. 그의 거부는 대과학자의 특권이 아니라 과학의 정체성에서 판단할 수 있는 충분히 이성적인 결정이었다.

　　지금까지 이성은 과학과 신앙이 부딪칠 때, "과학은 진리다"라는 오해로 과학이 신앙의 영역에 침입하는 것을 방관해 왔다. 하지만 과학은 불완전하며 진리에 도달하기 위한 과정일 뿐임을 안다면, 이성은 과학과 신앙 사이의 균형을 유지할 수 있다. 과학의 주장이 신앙을 침범할지언정, 신앙인의 머릿속에는 이성이 가름하는 기준이 세워질 것이다.

　　물론 과학을 무조건 거부하는 태도는 바람직하지 않다. 과학은 타당한 근거 위에 세워진 견고한 지식 체계이다. 현대사회는 그 영향력 안에 있다고 해도 과언이 아니다. 그러나 과학이 진리의 영역에 들어서기 위해서는 불완전성을 뛰어넘는 도약이 필요하다. 인간이 할 수 있는 도약이란 확신이며, 이는 과학에서 취급할 수 없다.

적벽대전에 숨은 과학

위, 촉, 오. 중국 영토가 셋으로 나뉘어 대립하던 삼국시대. 세 나라 중에서 조조의 위나라가 가장 강성했다. 조조는 수많은 군웅 群雄들을 굴복시키며 중국의 반 이상을 통일했다. 그러나 그 사이 촉나라와 오나라도 남부에 기반을 다져 놓은 상태였다. 조조는 중국을 통일하고자 백만 대군을 편성하여 두 나라를 침공했다. 이에 촉과 오는 연합군을 형성해 위와 맞섰다. 당시 군대를 지휘하는 총수를 '군사'라고 했는데 촉나라의 군사는 제갈량이었고, 오나라의 군사는 주유였다. 젊은 두 영웅의 만남은 묘한 라이벌 구도를 형성하면서 전황을 유리하게 이끌어 갔다.

양군은 양자강 중류 적벽에서 대치했다. 제갈량과 주유는 압도적 기세의 조조군을 단번에 격퇴시킬 방안을 논의했고, 마침 두 사람의 의견이 화공火攻으로 일치했다. 그러나 당시 계절풍의 영향으로 전선에는 북서풍이 불었다. 불이 조조군 쪽으로 잘 번지려면 동남풍이 불어야 했다. 주유가 깊이 고민할 때 제갈량이 주유를 찾아와 말했다.

"하늘에 제사를 지내면 동남풍을 불게 할 수 있습니다. 제가 하늘에 제사 지내는 방법을 알고 있지요. 저에게 3일의 시간을 주십시오."

주유는 반신반의하면서도 그를 믿어 보기로 한다. 대신 군의 사기를 생각하여 동남풍이 불지 않으면 군법을 적용하여 처벌하겠다는 조건을 걸었다. 제갈량은 자신의 성공을 장담하며 이를 수용했다.

제갈량은 단을 꾸리고 의복을 갈아입은 뒤 하늘에 제사를 지내기 시작했다. 주유는 제사를 보호한다는 구실로 단이 꾸려진 막사 주변에 무사들을 배치했다. 평소 눈엣가시였던 제갈량을 이 기회에 처단하기 위해서였다.

3일 후, 주유는 백만 대군을 궤멸할 만반의 준비를 하고 바람의 방향이 바뀌기를 기다렸다. 한참을 기다려도 바람이 바뀌지 않자 주유의 초조함은 극에 달했다. 주유는 오히려 잘되었다 싶어 무사들에게 제갈량을 처단하라는 밀서를 보냈다.

무사들이 제단에 들이닥치자 제갈량이 나타났다.

"그대들은 전장에 가서 주유를 돕지 않고 무얼 하고 있는가?"

당황한 무사들은 급히 둘러댔다.

"군사의 건강이 염려되어 살펴보라는 분부가 있었습니다."

"나는 괜찮네. 나의 제사가 하늘에 닿아 동남풍이 불기 시작했네. 어서 주유에게 이를 전하여 공을 세우라고 전하게."

바람의 방향은 정말로 바뀌어 동남풍이 불고 있었다. 연합군은 때를 놓치지 않고 불화살과 함께 진격했다. 바람을 등에 업은 화공과 예상치 못한 총공세에 대비책이 없었던 조조는 크게 당황했고, 결국 대부분의 전력을 잃고 패퇴하게 되었다.

사실 제갈량은 주변 지리를 살피던 중 적벽 근처에서 평생을 살아온 늙은 어부에게 중요한 정보를 얻었다.

"동짓날을 전후해서 미꾸라지가 수면 위로 올라오면 동남풍이 불지요."

제갈량은 이 말을 흘려듣지 않고 근처에 있는 다른 어부들에게 재차 확인하면서 이 정보를 확신해 갔다. 그리고 이 사실을 모르는 주유에게 하늘에 제사를 지내면 동남풍을 불게 할 수 있다는 거짓 정보를 흘렸다. 불가항력적인 자연의 신비를 덧입힌 고도의 연출이었다.

후세의 학자들은 미꾸라지가 수면에 오르면 바람의 방향이 바뀐다는 대목에서 무릎을 치며 숨겨진 과학적 진실을 밝혀낸다. 기압이 낮아지면 물에 녹는 산소의 양이 줄어들게 되는데, 물속 산소가 적어지면 미꾸라지는 대기와 가까운 쪽으로 접근하여 산소를 들이마신다. 이 때문에 미꾸라지가 수면 위아래로 부지런히 움직이는 것이다.

그렇다면 저기압은 어디에서 왔을까? 겨울철 중국 대륙의 기후와 적벽 주변 지형의 영향이다. 중국 대륙은 동짓날 즈음하여 발달하는 시베리아 고기압으로 인해 북서풍이 분다. 그러나 적벽이 위치한 양자강 중류는 지형의 영향으로 기압이 약화되면 상대적으로 저기압이 형성된다. 이때 기단氣團이 바뀌면서 바람의 방향이 북서풍에서 동남풍으로 바뀐다. 이와 동시에 미꾸라지는 저기압으로 인한 산소 부족으로 독특한 행동을 하게 되는 것이다.

어부는 미꾸라지의 생태와 기후변화에 착안하여 귀한 지식을 얻었고, 이를 제갈량에게 알려 주었다. 제갈량은 이를 활용하여 화공을 성공시켰을 뿐 아니라, 주유의 콧대를 꺾고자 하늘에 제사를 올리는 '쇼'도 보여 주었다. 제갈량의 꾀는 계획대로 들어맞았고, 적벽의 대승을 이끌게 된다.

사람들은 자연에 일정한 법칙이 있음을 깨닫게 된다. 자연은 더 이상 변덕스러운 신의 심술이 아니었다. 학자들은 자연의 법칙을 더, 그리고 자세히 알아내기 위해 접근하고 해석했다. 성과는 지식으로 나타났으며, 축적된 지식들을 체계화하여 과학이라고 불렀다. 이 분야의 학자들은 자연스럽게 과학자가 되었다. 과학은 자연의 다양한 현상들을 소수의 원리로 꿰어 명확하게 설명할 수 있는 통일되고 보편적인 지식을 제공했다.

과학자들은 과학 지식을 얻기 위해 접근과 해석 방법을 정립해 나갔다. 이를 과학적 방법[4]이라고 한다. 다소 생소한 단어일 수도 있으나 앞서 적벽의 어부와 제갈량이 취한 방법이 바로 과학적 방법이다. 따라서 그들의 행동을 보면 과학적 방법을 알 수 있고, 동시에 그들이 절묘하게 과학적 방법을 따랐음을 알 수 있다.

미꾸라지가 수면 위로 올라오는 것과 바람의 방향이 동남풍으로 바뀌는 것은 별개의 현상이었다. 이전까지 두 관계를 연관 지을 수 없었다. 서로 상관없는 자연현상일 뿐이었다. 그런데 늙은 어부가 두 현상의 관계를 포착한다. 동짓날이라는 시기였다. 그는 구체적으로 다음과 같이 정리했다.

"동짓날을 전후해서 미꾸라지가 수면 위로 올라오면 동남풍이 분다."

불분명했던 자연현상이 명확하고 간결한 지식으로 바뀌는 순간이었다. 그러나 아직은 자신의 생각이 틀릴 수도 있다. 확인이 필요했다. 어부는 수십 년을 적벽에 살면서 자신의 생각이 맞는지 확인할 수 있었다. 동짓날이 다가올 때마다 미꾸라지의 행동과 바람의 변화를 살펴보았을 것이고, 자신의 생각이 맞다는 것을 확인했을 것이다.

제갈량도 어부와 동일했다. 스스로 발견하지는 않았지만 어부에게서 중요한 정보를 얻었다. 하지만 그 정보가 사실인지 아닌지 확인이 필요했다. 그는 다른 적벽의 어부들에게 진위를 확인했고, 역시 동일한 대답을 얻었다.

이상이 과학적 방법이다. 여기에는 과학적 방법의 두 가지 중요한 요소가 순차적으로 포함되어 있었다. '가설'과 '가설의 확인'이다. 그리고 어부와 제갈량이 과학적 방법을 따랐다는 것은 가설과 가설의 확인 과정을 착실히 밟았다는 뜻이다.

미꾸라지의 행동과 바람의 변화, 그리고 동짓날은 별개로 존재하는 산재된 사실들일 뿐이었다. 어부는 이들 사이에 어떤 연관성이 있음을 알아차렸지만 아직은 막연했다. 이 막연함이 풀린 것은 "동짓날을 전후해서 미꾸라지가 수면 위로 올라오면 동남풍이 분다"라는 생각을 정리하면서부터였다.

생각을 정리하기 전까지는 어부가 느낀 막연함과 실체 사이에 거리가 있었다. 이 간극을 극복한 방법이 생각을 간결한 문장으로 정리하는 것이었다. 막연함이 확연함이 되었다. 이것이 가설이다.

막연함은 해결했지만 가설은 아직 사실이 아니라 생각일 뿐이었다. 가설을 구성하는 부분들은 사실일 수도 있지만, 가설 자체는 단지 머릿속에서 나왔을 뿐이다. 따라서 이를 또 하나의 사실로 인정하기 위해 필요한 과정이 가설의 확인이다. 어부는 수십 년 동안 동일한 조건에서 자연을 관찰했고, 제갈량은 그와 같은 환경에서 살아온 수많은 어부들의 관찰담을 수집했다. 이들을 종합하여 어부의 가설은 틀림없는 것으로 확인할 수 있었다. 가설에 하자가 없었기 때문이다. 이러한 과정을 거쳐 가설은 과학 지식으로 받아들여지는 것이다.

_____ 과학을 왜 진리로 받아들일까?

가설을 확인하기 위해 자연현상을 여러 번 확인하는 것을 '관찰'이라고 하며, 자연현상을 통제할 수 없을 때 가설에서 정한 것과 같은 환경을 인위적으로 꾸려 관찰하는 것을 '실험'이라고 한다. 가설은 관찰 또는 실험을 통해 타당하다고 보이면 받아들여지고 맞지 않으면 수정된다. 이 과정을 반복하여 과학 지식을 얻는다. 가설을 세우면 관찰은 분명한 목적을 가질 수 있게 되며, 보다 세밀한 접근이 가능해진다. 따라서 과학적 방법을 적용하면 가설은 실체에 접근하게 되고, 점차 보편적 지식으로 자리 잡는다. 막연함에서 시작한 가설의 방향은 반복과 시행착오를 거쳐 진리에 가까워지게 된다.

과학이 진리에 가까워질 때 필연적으로 마주하는 대상이 있다. 신의 존재이다. 인류는 과학적 방법을 통해 자연의 모든 실체에 다가설 수 있다고 확신했고, 그런 점에서는 신도 예외가 아니었다. 과학이 발달하면서 신을 대변한 종교는 권위를 잃어 갔고, 마침내 인간은 신을 과학의 실험대 위에 눕힌다. 다음은 과학적 방법을 적용하여 신의 존재 여부에 접근하려 시도했던 최근의 사례이다. 이들이 대상으로 삼은 것은 신과의 대화인 기도였다. 실험 방법을 살펴보면서 이들의 가설이 무엇이었는지 가늠해 보자.

심장 질환으로 수술을 받은 환자들을 세 그룹으로 나누었다. 두 집단은 그들을 위해 중보기도를 해주었다. 한 집단은 아무런 조치도 취하지 않았다. 중보기도의 대상이 된 두 집단도 한 집단은 당신을 위해 기도하고 있다는 사실을 알렸고, 다른 한 집단에게는 알리지 않았다. 중보기도를 하는 그룹은 미국 전역에 있는 기독교인들이었다.

어떤 환자 집단이 빠른 회복을 보였을까? 결과는 다소 싱거웠다. 세 집단 거의 차이가 없었다. 자신을 위해 중보기도를 한다는 사실을 안 환자 중에서는 오히려 건강이 악화된 경우도 있었다.

이와 유사한 다른 실험도 결과는 비슷했다.

이 결과를 어떻게 받아들여야 할까? 실험의 분명한 결과는 기도가 응답되지 않았다는 것이다. 실험의 가설은 다음과 같았을 것이다.

"신이 있다면 환자의 회복을 바라는 기도를 들어줄 것이다. 기도를 들어주지 않는다면 신은 무자비하거나 없다."

이 가설에 따르면 신은 무자비하거나 없는 셈이 된다. 평소 기독교인들이 자랑하던 하나님, 신의 실체는 거짓이 된 것이다. 신에게 드리는 기도는 정말 아무런 응답도 없는 것일까? 아니면 기도를 들어주는 신은 애초부터 존재하지 않는 것일까?

의문에 대한 실마리는 셜록 홈즈가 겪은 다음의 상황에서 찾을 수 있다. 잘 알려져 있듯이 홈즈는 치밀한 관찰로 사건을 해결하는 탁월한 과학 수사관이다. 그는 어느 날 왓슨과 그의 약혼녀 모스텐을 소개받는다. 셋은 근사한 레스토랑에서 마주한다. 모스텐은 홈즈의 명성을 익히 알고 있었다. 그녀는 홈즈를 반기며, 어떻게 사건을 해결해 가는지 묻는다. 홈즈는 사소한 단서가 모여 해결의 실마리가 된다고 말한다. 호기심이 발동한 그녀는 홈즈에게 자신에 대해서도 알아봐 달라고 한다. 홈즈는 그녀를 훑어본다. 귀에 묻은 잉크로 시작된 추리는 직업뿐 아니라, 오늘을 포함하여 과거 그녀에게 일어났던 주요한 일들까지 캐낸다. 그녀는 처음에는 신기해했지만, 홈즈의 마지막 말에 이내 분위기가 반전된다.

"손가락의 반지 자국을 보니…."

왓슨이 만류하려 한다. 그러나 홈즈는 말을 이어 나간다.

"…약혼했었군요. 자국이 선명한 건 더운 지역에 오래 살았다는 거고요. 반지가 가짜라는 걸 알고서는 파혼하고 더 좋은 사람을 찾아 영국으로 돌아왔죠. 이 친구 같은 의사나…."

홈즈는 더 이상 말을 이어 갈 수 없었다. 수치심에 몸을 떨던 모스텐이 홈즈의 얼굴에 와인을 끼얹은 것이다. 왓슨은 고개를 떨군다. 모스텐은 자리를 박차고 일어나며 말한다.

"하나만 빼고 다 맞았어요. 떠난 건 제가 아니에요. 그는 이제 이 세상 사람이 아니죠!"

특히 여성이라면 모스텐의 마음을 이해할 것이다. 홈즈는 세밀한 관찰로 모스텐에 관한 정보를 거의 정확하게 맞혔다. 그러나 그 과정에서 그녀의 닫혀 가는 마음은 읽지 못했다. 사람은 과학이든, 수사든 자신의 사생활이 낱낱이 파헤쳐질 때 거부감을 느낀다. 특히 그것이 불쾌한 내용일 때는 더욱 그렇다.

기도도 이와 비슷하다. 기도는 인격적인 대화이다. 기계적으로 읊조리는 주문이 아니다. 기도의 대상이 인격적인 대상이기 때문이다. 만약 당신이 신이라면, 피조물이 기도를 들어주나 안 들어주나 시험하겠다며 거칠게 파고들 때, 그에 대한 응답을 하겠는가? 신에 대한 기본적인 접근 자체가 틀렸다. 이런 식의 과학 실험으로는 절대로 신을 증명할 수 없다.

과학은 신을 증명하기 전에 자체 모순부터 해결해야 한다. 과학적 방법에서 가설은 관찰을 통해 지식으로 자리 잡는다고 했다.

세워진 가설이 타당한지 가리는 과정에서, 관찰이나 실험 결과를 수집하여 가설을 뒷받침하는 것을 '검증'이라고 한다. 그런데 검증에는 치명적인 오류가 있다. 과학은 다양한 자연현상에 대해 소수의 원리를 보편적 지식으로 설명한다고 했다. 따라서 모든 자연현상에서 관찰된 결과로부터 지지를 받는 것은 아니다. 하지만 다음 경우를 생각해 보자.

어떤 생물학자가 "모든 까마귀는 검다"라는 가설을 세웠다. 그는 가설이 맞는지 확인하기 위해 새로운 까마귀를 발견할 때마다 색이 검은지 확인했다. 가설을 세운 후 지금까지 새로이 관찰한 까마귀는 100마리였고, 모두 검은색이었다. 연구실에 돌아온 그는 흥분 섞인 어조로 외친다.

"'모든 까마귀는 검다'는 내 가설이 증명되었다!"

실제로 이 학자의 가설이 맞다고 볼 수 있을까? 아니다. 100마리로는 판단하기 어렵다. 세상의 모든 사례를 관찰할 수는 없다. 따라서 검증은 그 자체가 모순이다. '모든'은 불가능하다. 그러나 과학 지식은 '모든'이라는 의미를 내포하는 보편 진술이다.

과학자들은 대안을 도입한다. '확증'이다. 확증이란 가설을 지지하는 정도를 확률로 나타낸 것이다. 검증처럼 100퍼센트를 고수할 수 없을 경우 가설이 지지받는 사례를 다음과 같이 확률로 나타낸다. 그리고 그 확률이 어느 정도를 넘어서면 진술을 보편화한다.

확증 = (가설이 타당한 사례) ÷ (모든 개별 관찰 사례)

나름대로 융통성 있는 접근이다. 그러나 이 역시 검증과 같은 모순을 품고 있다. 가설이 타당한 사례는 결국 관찰 횟수로, 그 수가 정해져 있다. 반면 모든 개별 관찰 사례는 무한대이다. 어떤 큰 수라도 그 수를 무한대로 나누면, 그 값은 0이 된다. 확증은 어떤 가설이든 0이 된다는 뜻이다. 확증 역시 과학 진술을 지지하지 못한다.

실제 어떤 과학 지식도 모든 사례에 적용되는 보편 진술은 없다. 지금까지 밝혀진 모든 과학 지식은 부분적으로만 적용이 가능한 반쪽 진리이다. 대표적인 예가 뉴턴 운동 법칙[5]이다. 물체의 움직임을 표현하는 그의 방정식은 세상 모든 운동을 정확하게 설명하는 듯했다. 세상은 뉴턴의 기술로 표현되는 거대한 기계 장치였다.

그러나 뉴턴의 방정식으로 설명되지 않는 현상들이 원자로부터 나타나기 시작했다. 당시 활약하던 물리학자들이 이 현상의 규명을 위해 달려들었고, 결국 전혀 다른 물리법칙이 원자 세계에 따로 존재함을 알게 되었다. 앞 장에서 언급한 양자역학이다. 원자 세계에서는 양자역학만 적용 가능했다. 세상을 하나로 통일하는 물리법칙에 많은 과학자들이 도전하고 있으나, 여전히 규명되지 않았다.

이렇듯 치명적 모순 위에 있으며 그 한계가 분명해도 과학은 진리의 길, 혹은 진리 그 자체로 받아들여지고 있다. 사람들은 왜 과학을 진리로 받아들일까?

그들 나름으로 세상의 진리를 알고 싶어 하기 때문이다. 기독교는 성경이 세상의 진리라고 설명한다. 그런데 기독교인이 아니면 그 말을 받아들이기 힘들뿐더러 이해가 되지 않는다. 자신이 받아들일 수 있는 일반적이고 보편적인 설명을 원한다. 그 자리에 과학이 들어선 것이다.

─────── **과학, 종교재판을 받다**

16세기까지 서구 학계에서 인정하는 우주론은 지구가 중심이고 태양이 그 주위를 돈다는 천동설이었다. 천동설은 당시 학계의 주류였으며 당시 신학의 해석과도 일치했기 때문에 정설로 받아들여졌다. 하지만 몇몇 학자들은 지구가 태양 주위를 돈다는 지동설을 주장했는데, 대표적인 학자가 갈릴레오 갈릴레이였다. 그는 자신의 과학적 견해를 굽히지 않고 지동설을 주장하는 책을 펴냈다. 교황청은 그를 괘씸하게 여겨 종교재판에 회부한다. 성경과 다른 주장을 하고 있으니 계속해서 지동설을 주장한다면 이단으로 파문될 터였다. 지동설은 가톨릭교회뿐 아니라 개신교에서도 공격을 받았다. 종교개혁가 마르틴 루터도 갈릴레오 이전에 활동한 코페르니쿠스의 지동설이 성경과 어긋난다며 비난한바 있었다. 노구의 갈릴레오는 결국 몇 차례의 심문을 받은 끝에 싸울 기력을 잃고 자신의 주장을 철회한다.

시간이 흘러 케플러 등의 후세 학자들은 갈릴레오의 지동설이 옳았음을 증명한다. 종교재판까지 벌이며 천동설을 주장하던 교회는 웃음거리가 된다. 교황청이 갈릴레오를 핍박한 것은 정치적 대립의 희생이었다는 일부 주장도 있다. 당시는 16세기 종교개혁으로 교황청의 세력이 다소 약해진 후였다. 따라서 교황청은 외부에서 가해지는 성경 해석에 민감했다. 갈릴레오의 주장은 단순한 성경 해석이 아닌 교황의 권위를 넘보는 것이었으며, 유럽 내 영향력이 거듭 약해질 수 있다는 우려로 번졌다. 마침 교황청 내 갈릴레오를 지지했던 세력이 약해지며, 그는 재판에 회부된다. 그럼에도 교회가 당대의 성경 해석을 근거로 학자를 힘으로 누른 사건은 훗날 과학과 종교의 대립이 일어날 때 불리하게 작용했다.

교회와 과학의 두 번째 대립은 진화론이었다. 진화론은 인류를 포함한 현대의 고등 생물이 원시 생물에서 점차적인 변화를 거쳐 지금의 모습이 되었다고 주장했다. 창조가 기본교리였던 교회는 이 주장을 받아들일 수 없었다.

진화론을 정립한 《종의 기원》이 출판되자 영국은 물론, 유럽 사회 전역에 거센 논란이 일었다. 이듬해 열린 영국 학술 총회의 뜨거운 감자는 단연 진화론이었다. 진화론을 대표해 젊은 생물학

교황청 추기경위원회로부터 종교재판을 받는 갈릴레오 갈릴레이(Galileo Galilei, 1564~1642)

자 토마스 헉슬리가 나왔고, 교회를 대표해 달변가 새뮤얼 윌버포스 대주교가 나섰다. 열띤 논쟁이 끝나 갈 무렵, 윌버포스 주교는 다음과 같이 진화론을 비꼬았다.

"우리가 원숭이 자손이라면, 당신 할아버지와 할머니 중 어느 쪽을 말하는 건가요?"

청중에서 조소가 흘러나왔다. 그러나 헉슬리는 태연하게, 그리고 진지하게 대답했다.

"진지한 과학 문제를 조롱하는 데 자신의 능력과 영향력을 사용하는 사람이 되기보다 차라리 원숭이의 자손이 되겠습니다."

이 답변에 윌버포스 주교는 할 말을 잃었고, 이날의 학회 분위기는 결국 진화론 쪽으로 기울었다.

지동설과 진화론의 옳고 그름을 떠나, 교회는 중요한 두 차례 논쟁에서 한 번은 힘으로, 한 번은 비웃음으로 과학을 내려다보았다. 과학 자체가 아닌 과학 속에 담긴 마음을 보자. 세상의 진리가 궁금해서 그에 접근하고자 했던 순수한 노력의 결과였다. 이 마음에 어찌 교회가 힘과 비웃음으로 대응할 수 있을까. 그 결과로 교회가 얻은 것은 굳게 닫힌 사람들의 마음이었다.

A. J. 크로닌의 《천국의 열쇠》(바오로딸, 2008)라는 소설이 있다. 치셤이라는 젊은 선교사가 중국의 외딴 지방에 파송된다. 치셤은 도착한 지 얼마 안 되어, 한 중국인을 도와주게 된다. 이 계기로 그를 전도하려 하지만 그의 마음이 진심이 아님을 알고 생각을 거둔

다. 그래도 그와의 관계를 끊지 않고 왕래를 유지한다. 수십 년이 흘러 둘 다 노구의 몸이 된다. 그동안 수많은 일이 있었고, 세월의 흐름 속에서 둘은 함께 살아왔다. 그런데 치셤 신부가 고국으로 돌아가기 전 중국인이 찾아와 말한다.

> 신부님, 제가 자주 이런 말씀을 드렸지요? 이 세상에는 종교가 여러 가지 있고, 천국으로 들어가는 문도 여러 개가 있다고요. 그런데 신부님과 같은 문으로 천국에 들어가고 싶다는 생각이 들었습니다.
>
> 오래전에, 신부님께서 제 자식을 살려 주셨을 때도 저는 이 문제를 진지하게는 생각하지 않았습니다. 그때 저는 신부님이 어떤 삶을 살고 계시는지 알지 못했습니다. 인내와 용기를 필요로 하는 그 고요한 삶을 이해하지 못했습니다.
>
> 종교를 섬기는 사람의 행실은 종종 그 종교를 지향하는 선의 진위를 재는 잣대가 되는 법입니다. 신부님, 신부님께서는 모범을 보임으로써 저를 정복했습니다.

종교에 대한 중국인의 견해가 온전히 성경적이라고 할 수는 없다. 그러나 불신자인 그의 마음이 열렸다는 점은 주목할 만하다. 신부는 그를 회심시키려고 강제하거나 교리를 다르게 설명하지 않았다. 단지 마음만 열었을 뿐이다.

교회의 힘은 열린 마음에서 나온다. 이는 소설 속 이야기만은 아니다. 1956년 미국의 젊은 선교사 짐 엘리엇은 남미 에콰도르의 와오다니 부족을 전도하기 위해 접근했다가 무참하게 살해당한다. 그러나 그의 아내는 충격을 딛고 같은 곳으로 선교를 지원한다. 다행히 그들 부족에 섞여 들어간 그녀는 그들과 함께 살게 된다. 어느 날 부족장이 그녀에게 묻는다.

"당신은 누구이고 우리를 위해 이렇게 애써 수고하는 이유가 무엇입니까?"

그녀는 대답한다.

"나는 5년 전에 당신들이 죽인 남자의 아내입니다. 그러나 하나님의 사랑이 나를 여기에 다시 오게 했습니다."

그녀가 남편을 잃은 원한을 품고 마음을 닫아 버렸다면, 그저 한 여인의 슬픈 개인사가 되었을 것이다. 그러나 그녀는 마음을 열어 다시 선교지로 향했고, 많은 인디언을 회심시키는 밑거름이 되었다. 성령의 역사는 열린 마음에서 나온다.

───── 증거 vs. 믿음

영화 〈금발이 너무해 1〉에 이런 이야기가 나온다. 큰 부자가 저택에서 살해된 채 발견된다. 마침 사건 현장에는 그의 딸 체트니가 있었다. 그녀는 범인으로 브룩을 지목했다. 브룩은 부자가 노년에 재혼한 상대였고, 체트니에게는 새엄마인 셈이었다. 브룩은 범행을 강하게 부인했으나 알리바이가 없었다. 세간의 관심 속에 법정 공방이 열리고 증인석에 체트니가 등장한다.

브룩의 변호사가 질문한다. 체트니는 사건 발생 직전 귀가하여 2층 자신의 방에서 샤워를 했다고 말한다. 그날의 행적을 묻고 난 후, 변호사는 그녀가 위증했다는 것을 알아차린다.

"사건이 발생한 시간, 증인은 샤워 중이라 총성을 못 들었다고 했습니다. 한편 그날 오전 증인은 파마를 했습니다. 이전에도 여러 번 파마를 해봤으니 이 정도는 알고 있었겠죠. 파마를 하고 나서 24시간 동안은 머리를 감지 말 것. 그런데 당신의 파마 상태를 보아하니 머리를 감지 않았군요. 샤워를 하지 않았으니 총성을 들을 수 있었을 테죠. 그렇다면 브룩은 당신이 내려오기 전 총을 숨길 시간이 없었어요. 그렇다면 당시 브룩은 총을 들고 있었어야 하죠. 아님 그 근처에 있거나. 그런데 없었어요. 체트니, 총은 당신이 쏜 후에 숨겼죠?"

객석이 크게 술렁인다. 사색이 된 체트니는 이성을 잃는다. 판사는 좌중을 진정시키려 하지만 이미 사건의 초점은 브룩이 아니었다.

사건을 되짚는 과정에서 검사나 형사가 찾아낸 증거. 그 증거로 사실을 증명하며 범인을 몰아붙이는 추리는 보는 이로 하여금 감탄을 금치 못하게 한다. '증거'는 사실을 증명하는 명확한 근거를 뜻한다. 실체를 확인할 수 있는 객관적 자료. 빈틈을 찾을 수 없는 완벽한 논리. 법정에 제시된 증거가 정식으로 채택된다면 판결에는 거의 절대적으로 영향을 미치게 된다.

법정만큼 증거가 중요한 요소가 되는 곳이 과학이다. 관찰, 실험, 관측 등 명확한 근거를 통해 지지된 과학 주장은 거의 진실로 받아들여진다. 증거는 설득력이 강하다. 내용의 진위 여부나 타당성을 뒷받침하는 데 증거만큼 확실한 것은 없기 때문이다. 주장은 증거를 통해 사실로 인정받으며, 사실은 증거를 통해 굳건하게 지지된다. 이념이나 윤리를 넘어 과학이 대중 속에 빠르게 자리 잡게 된 배경은 증거 때문이라고 해도 과언이 아니다.

반면 신앙은 이념, 윤리와 마찬가지로 증거의 지지를 받지 못한다. 신앙은 과학처럼 명백한 증거라고 내세울 것이 없다. 신앙인들은 성경을 들어 보이지만, 외부인이 보기에 성경은 증거가 아닌 그들만의 경전일 뿐이다. 더 불편한 사실은 이념과 윤리가 증거의 지지를 받지 못할지언정 사회의 지지는 받는다는 것이다. 이념과 윤리는 사회를 보다 바른 방향으로 이끌기 위한 목적이 있기 때문이다. 그러나 신앙은 성격이 다르다. 신앙은 이념이나 윤리와도 노선을 달리하며 증거를 통해 탄탄하게 지지되지도 않는다. 신이 없다고 주장하는 무신론자들은 이 점을 철저하게 공격한다. 유명한 진화론자 리처드 도킨스는 신앙의 난점을 비꼬며 다음과 같이 말했다.

신앙이란 증거가 없어도, 심지어는 반대 증거가 있음에도, 맹목적으로 믿는 것을 말한다.

이에 대해 무엇이라 대답하겠는가? 나의 믿음은 증거 없는 맹목적인 믿음인가? 나의 신앙은 단지 교육에 의한 관념일 뿐인가? 아니면 한순간 감정적 결정에 의한 의지인가? 신앙은 맹목적 추종이 아니다. 신학자 그리피스 토마스는 도킨스와는 다르게 신앙을 정의한다.

신앙이란 적절한 증거에 기반을 둔 마음의 확신에서부터 시작된다.

토마스의 정의처럼, 신앙은 신자 개인의 마음에 자란 확신을 통해 바로 선다. 다만 그 증거가 법정에서 진술되는 증거나 과학에서 인정되는 증거와는 다를 뿐이다.

영화 〈더 리버 와이〉에서 낚시에 정통한 젊은 청년이 철학자에게 말한다.

"난 한 번도 신을 못 봤어요. 10개 주州를 돌아다녔는데…. 사람인지 생물인지, 어디에 있기는 한 건지. 내가 알아보기를 진정으로 바란다면 신은 그렇게 숨어 있기만 해서는 안 되는 거예요."

철학자가 대답한다.

"좋아. 나 같은 풋내기는 왜 낚시를 못할까. 답은 뻔해. 지금 내 수준이 그러니까. 물고기도 골이 아주 텅텅 빈, 코앞에 둥둥 떠다니는 피라미만 잡히지. 그에 비해 영혼같이 경이로운 존재는 어떨까. 낚시꾼이야말로 영혼을 찾는 데 더 쉽게 매료될 사람이야. 너희들은 찾기 힘든 대상을 추구하는 법이니까. 물고기를 찾을 때는 그렇게 참을성 있게 견디면서 영혼이 없다고 하는 건 뭐가 그리 급해? 눈에 보이지 않는다는 핑계를 대면서."

철학자는 토마스가 말한 적절한 증거에 대해 묘사하고 있다. 이는 과학에서 말하는 관찰이나 실험과는 차원이 다른 증거다. 이제 막 낚시를 시작한 초심자와 베테랑 낚시꾼이 보는 시야는 분명 다르다. 초심자는 아무리 관련 서적을 탐독하고 좋은 장비를 갖추어도 베테랑을 따라갈 수 없다. 베테랑 낚시꾼은 초심자에게는 보이지 않는, 볼 수 없는 무언가를 본다. 그 무언가로부터 확신을 얻는다.

이것이 토마스가 말한 적절한 증거이자 철학자가 조언한 **신을 찾는 이성**이다. 신앙이란 없는 것을 있다고 우기는 맹목이 아니다. 보는 시야가 다를 뿐이다. 객관적으로 관찰되는 것에 한정하는 과학적 증거에 갇혀 신이 없다고 속단하지 않는다.

따지고 보면 과학자도 마찬가지다. 물론 과학자는 공유될 수 있는 과학적 방법과 객관적인 자료로부터 연구 결과를 제시한다. 그래서 누구나 과학자가 될 수 있는 문은 열려 있다. 그러나 과학자는 분명 일반인과는 다른 시야를 갖고 있다. 비과학인은 알 수 없는 과학자만의 감각—선입견이나 편견이 아니라 자료나 이론을 분석하는 감각—으로 연구를 진행하고 결과를 도출한다. 이는 낚시꾼이 확신하는 그 무언가와 같을 것이다.

도킨스는 믿음이 과학적 증거에 의해 지지받지 못하기 때문에 사실이 아니라고 말한다. 그의 정의는 과학적 증거에 의한 것만 사실로 인정할 수 있다고 말하는 것과 같다. 그런데 존재하는 사실이라면 모두 과학적 증거에 의해 증명될 수 있을까? 이 논리에 빠진 사람들은 과학에 의해 증명되지 않은 것들은 모두 사실이 아니라고 말한다. 답답한 소리 말고 어서 증거를 가져오라고 다그친다. 누가 답답한 쪽인지는 〈컨택트〉라는 영화가 암시한다.

어느 날, 우주에서 신호가 수신된다. 해독 결과 놀랍게도 우주선의 설계도였다. 인류의 과학기술을 훨씬 뛰어넘는 수준이었다. 설계도에 따라 우주선이 완성된다. 우주선은 단 한 명만 탈 수 있다. 탑승자는 신호를 처음으로 수신한 할로웨이 박사였다. 전 세계가 지켜보는 가운데 우주선이 발사된다. 우주선은 엄청난 섬광을 냈지만, 곧 힘없이 땅으로 떨어진다. 다행히 그녀는 무사했다.

그런데 황당한 것은 안정을 회복한 그녀의 보고였다. 그녀는 외계인과 만났다고 주장했다. 사람들은 그녀가 만났다는 외계인의 증거를 기다렸다. 그러나 그녀는 아무것도 내놓을 수 없었다. 우주복에 설치된 녹음, 녹화 장비에는 잡음만 기록되었기 때문이다. 역사상 유례없는 청문회가 열린다. 심문을 맡은 검사관은 사람들의 답답한 마음을 대변한다.

"당신의 주장을 증명할 물증이 전혀 없다는 말이군요. 전부 당신의 환상일 수도 있다는 겁니까? 당신은 우리의 입장이더라도 똑같은 의심과 회의를 품을 수 있다고 했습니다. 그렇다면 애초에 당신의 경험이 실제라는 증언을 철회해야 옳지 않습니까? 당신은 아무런 증거나 기록이나 자료 없이 신빙성이 의심스러운 이야기만

하고 있습니다. 무려 1조 달러의 돈이 투입된 일이었고, 여러 사람의 목숨이 희생되었습니다. 그럼에도 당신의 말을 믿으라는 것입니까?"

박사는 잠시 침묵한 후 답한다.

"…그렇게는 할 수 없으니까요. 전 경험했습니다. 증명하거나 설명할 수 없지만 한 인간으로서 그것이 사실이었다는 것을 압니다. 전 제 인생의 변화를 가져올 소중한 경험들을 했습니다. 우주는 제게 보여 주었어요. 비록 우리 자신이 작고 보잘것없는 존재지만 얼마나 귀중한지 말이에요. 우리는 우주에 속해 있는 위대한 존재이고, 또한 결코 혼자가 아니라는 사실을 깨달았어요. 전 그 경험을 나누고 싶어요. 모든 분과 잠시라도 제가 겪은 그 놀라운 사실을 함께 공유할 수만 있다면… 그게 바로 제 희망입니다."

발사된 우주선은 엄청난 섬광을 냈지만 곧바로 땅으로 떨어졌다. 기록된 녹화, 녹음 내용도 없었다. 이런 상황에서 사람들은 누구나 할로웨이 박사의 말을 의심할 것이다. 그러나 영화를 본 사람은 그녀의 말을 믿는다. 박사와 외계인의 만남을 보았기 때문이다. 오히려 그녀를 몰아세우는 사람들이 답답해 보인다.

영화의 원작자는 유명한 천문학자 칼 세이건이다. 그는 과학을 잘 알고 있었다. 그는 외계인의 존재를 주장하려는 것이 아니었다. 증거가 없다고 사실이 부정되어서는 안 된다는 주장을 절묘한 연출을 통해 보여 주려고 한 것이었다. 세이건은 신이 있고 없음을 알 수 없다고 결론 내린 불가지론자였다. 신이 있다고 확언할 수 없지만, 과학적 증거를 대지 못한다고 해서 신이 없다고 결론 짓는 것은 섣부른 판단이라는 것이다.

과학적 증거가 아니더라도 사실로 존재하는 것들이 분명히 있다. 신 역시 과학적 증거가 없더라도 분명히 존재한다. 할로웨이 박사의 마지막 고백은 신앙고백과 닮아 있다. 마찬가지로 신앙인도 과학적으로나 법정에서 증명할 수는 없지만 분명한 경험 위에 확신이 있다. 인간의 양심상 그것을 부정할 수 없으며 믿음은 그를 통해 지지되는 것이다. 인생을 돌아보았을 때 하나님을 발견하고 인격적으로 그의 존재를 고백하는 일. 이것이 토마스가 말한 적절한 증거이자 신앙인들이 말하는 간증이다. 적절한 증거가 모여 확신이 되고, 믿음이 형성된다.

_____ 썸씽은 분명히 존재한다

모든 사실이 꼭 과학적 증거가 있어야만 인정되는 것은 아니다. 증명할 수 없지만 존재하는 것들이 세상에 분명히 있다. 귀신이나 외계인을 말하려는 게 아니다.

〈너에게 닿기를〉이라는 영화가 있다. 한창 수업 중인 고등학교 교실에서 한 남학생이 옆자리에 앉은 여학생에게 쪽지를 건넨다. 여학생은 뒤에 있는 남학생에게 전해 달라는 것인 줄 알고 뒷

자리 책상에 올려놓는다. 다행히 뒷자리에 앉은 남학생은 엎드려 자고 있다. 당황한 남학생은 재빨리 쪽지를 가져와서 다시 여학생에게 건넨다. 그제서야 여학생은 쪽지를 펴본다.

"오늘 수업 마치고 교문에서 기다려 줄래?"

여학생은 남학생에게 미소를 보내며 고개를 끄덕인다. 남학생은 고개를 숙이며 웃는다. 방과후 남학생은 가벼운 발걸음으로 교문을 향한다. 그런데 여학생은 다른 여자 친구와 함께 기다리고 있다.

"친구가 같이 쇼핑 가자고…."

남학생은 당황하며 얼떨결에 옷가게까지 따라간다. 한참을 어색하게 있다가 여학생에게 말한다.

"나 할 일이 생각나서 그러는데 먼저 가볼게."

남학생은 여학생에게 인사하고 밖으로 나온다. 여학생은 문 밖으로 나가는 남학생의 뒷모습을 보며 의아한 표정을 짓는다.

왜 남학생은 여학생이 쪽지를 보고 고개를 끄덕였을 때 웃었을까. 그리고 왜 여학생이 교문에 다른 친구와 나와 있자 당황했을까. 또 옷가게에서는 왜 먼저 가겠다며 싱겁게 나와 버렸을까.

남학생은 여학생을 좋아하고 있었기 때문이다. 눈치 없는 여학생이 알아채지 못한 것뿐이다. 증명할 수는 없지만 존재하는 것. 이는 남녀 간의 관계에서 잘 나타난다. 그 사람이 날 좋아하는 것 같지만 아닌 것 같기도 하다. 명확하게 증명할 수 없다. 다만 무언가는 분명히 있다. 눈빛, 행동, 말.

"너 그 사람이랑 썸타니?"

썸은 썸씽을 의미한다. 뚜렷하지 않지만 분명히 존재하는 것. 하지만 딱히 눈에 띄는 것은 아니기에 이렇게 표현한다. 우리나라에서 최근 재해석된 기가 막힌 표현이다. 썸씽을 과학적 증거나 법정 증거로 내세울 수 있을까?

소송에서 증명하기 어려운 것 중 하나가 혼인빙자사기이다. 다음은 일본 드라마 〈히어로〉에 나오는 이야기이다. 한 여성이 남자에게 1,000만 원을 받아 내고 헤어진다. 여성은 그전에 다른 남자들에게서 비슷한 금액을 받아 냈다. 피해자는 다수이며 그중에는 사채를 써서 돈을 마련한 남성도 있었다. 이들에게도 여성은 돈을 받아 낸 직후 이별을 통보했다. 남성들은 소송을 냈다. 그녀와 결혼할 줄 알고 돈을 건넸다는 것이다. 그녀는 앞치마를 두른 채 요리를 만들어 주고 분위기가 오르면 은밀하게 속삭였다고 한다. "다시 태어나도 당신과 함께하고 싶어요." "우리 아기는 예쁠 거예요." 그녀의 말과 미소에 취한 남자들은 급전이 필요하다는 그녀의 부탁에 의심 없이 거액을 건넸다. 그러나 여성은 바로 이별을 통보했다. 검사는 결혼을 빙자한 사기임을 확신하고 그녀를 소환하여 심문한다. 검사의 질문은 예리했지만, 인과관계를 밝혀낼 명확한 증거를 끄집어낼 수는 없었다. 그녀는 단지 보통 연애였을 뿐이라고 답했다. 연애 중에 자신의 필요를 말했을 뿐이다. 조건이나 강요는 없었다. 준비했던 심문을 모두 마치자, 검사는 답답한 듯 다음과 같이 말한다.

"좋은 추억으로 간직하고 싶다면 그걸로 좋겠지만, 개인적으로는 뭐랄까…. 사람의 가장 무방비한, 순수한 부분을 이용하려는 것은 비겁한 짓이 아닐까 하는데요. 전 용서할 수 없어요. 물론 제 생각일 뿐이지만요."

조사를 마치고 함께 자리에 있었던 사무관이 여성을 배웅하면서 말한다.

"강하시네요. 복잡한 기분이에요. 선생님은 계속 당당했고, 검사님은 안절부절못하고…. 하지만 검사님 쪽이 더… 인간적이었어요."

검사가 증거를 찾지 못하자 그녀는 무혐의로 풀려난다. 그녀의 입에서 결혼이라는 말은 한 번도 나오지 않았기 때문이다.

그녀는 정말 연인 상대로서 남자들에게 도움을 요청한 것일까? 그리고 단지 마음이 식어서 이별을 통보한 것일까? 혹시 돈을 받자 이용가치가 떨어진 것은 아니었을까? 법정에서는 밝혀내지 못했다.

그녀는 썸씽만으로 남자들에게 확신을 주었고, 돈을 건네게 했다. 썸씽은 법정에서, 또 과학에서 증명할 수 없다. 하지만 이를 이용한 피해가 있다는 것은 썸씽이 분명히 존재한다는 것을 나타낸다. 증명할 수 없다는 것을 강조하기 위해 부정적인 사례를 들어 보였지만, 썸씽은 무엇보다 강하게 존재한다.

《인연》은 작가 피천득이 한 여인과의 만남을 기록한 짧은 수

필이다. 작가가 기억하는 만남은 세 번이었고, 에피소드만 나열되어 있다. 두 사람 간의 뚜렷한 감정 표현은 없다. 그렇다. 단지 썸씽만을 묘사하고 있다. 그런데 이 짧고 싱거운 글이 우리나라 국민이 가장 좋아하는 수필로 손꼽히는 이유는 무엇일까. 이 수필을 접한 독자는 분명 알 수 있기 때문이다.

'작가는 아사꼬를 좋아했구나.'

과학적 증거만으로 가득한, 피곤한 어른의 삶에서 자신의 젊은 날을 추억하며 위로받고 있는 것은 아닐까.

썸씽은 명확한 증거는 아니다. 하지만 분명히 존재한다. 그리고 썸씽이 있어야 만남이 되고, 만남이 교제로 이어지고, 교제가 발전하여 결혼에 이르게 된다. 증명할 수 없는 썸씽에서 인생과 인류에 있어 가장 확실하고 중요한 역사가 시작되는 것이다.

_____ 과학은 선일까, 악일까?

과학은 대상을 다양하게 분석한다. 손을 예로 들어 보자. 러커 루디라는 학자는 손을 다섯 분야의 과학으로 읽어 낸다.

첫째, 수: 가장 간단하게 손은 5라는 수를 나타낸다. 손가락 길이는 밀리미터 단위의 수이며, 손의 면적과 무게 또한 특정한 수로 정해진다. 손의 내부를 측정하면 온도, 혈류 속도, 전도도, 염분

등 더욱 많은 수를 얻을 수 있다.

둘째, 공간. 손은 3차원 공간의 물체이다. 손에는 구멍이 없으며 몸과 연결되어 있다. 피부로 덮인 2차원적 곡면은 어떤 곳에서는 볼록하고 어떤 곳에서는 오목하다. 손의 혈관은 나뭇가지와 같은 1차원 패턴으로 분포된다.

셋째, 논리. 손에 포함된 근육, 힘줄은 일종의 기계를 이루고 있으며, 기계는 논리적 패턴의 한 종류이다. 이쪽 힘줄을 잡아당기면 다른 쪽 뼈가 움직인다. 역학을 논하지 않더라도, 손에는 논리적으로 들어맞는 다양한 행동 패턴이 있다.

넷째, 무한. 추상적으로 접근하면 손은 수학적 공간상의 무수한 점으로 이루어져 있다. 아주 가까이서 보면, 피부 곡면은 프랙탈[6]이라 불리는 무한히 복잡한 패턴에 해당한다. 손에 관한 지식은 얼기설기 얽힌 다른 지식의 그물에 연결되어 있다.

다섯째, 정보. 손은 유전정보에 따라 디자인된다. 또 손은 그 속에 포함된 정보의 양이다. 손은 일생 동안 흉터나 기미 같은 불규칙적 영향에 노출되며, 이들 결과도 손의 정보 속에 포함된다.

평소 대수롭지 않게 대했던 손을, 과학은 적어도 다섯 가지 이상의 독특한 관점으로 풀어내고 있다. 생각 외로 다양한 이치가 손에 함축되어 있다는 사실도 놀랍지만, 이를 자세하게 풀어내는 과학에 새삼 놀라지 않을 수 없다.

과학은 빛과 같다. 미지의 세계에 대해 우리가 감각하는 것보다 훨씬 풍성하고 자세하고 정확하게 대상을 볼 수 있게 해준다.

과학의 빛이 닿는 범위는 더 넓고 깊어질 것이며 미지의 어두움은 그만큼 사라져 갈 것이다.

빛의 또 다른 의미가 긍정인 것처럼 과학의 발전도 주로 긍정적인 모습으로 비춰진다. 손에 숨어 있던 수, 공간, 논리, 무한, 정보 등을 포괄하는 과학은 발전을 거듭하여 세상에 빛을 비춘다. 그 빛은 밝은 빛으로 묘사된다.

그런데 과학이 발전하면 과연 밝은 빛만 있을까?

협심증은 혈관이 좁아지는 고통스러운 질병이다. 이들에게 처방되는 약은 니트로글리세린으로, 좁아진 혈관을 이완시켜 피를 잘 돌게 한다. 협심증 환자는 즉각적인 효과를 보이는 니트로글리세린을 늘 휴대하고 다닌다.

한편 광산, 토목 공사 등의 발파 현장에서도 니트로글리세린이 쓰였다. 폭발성 또한 우수하기 때문이다. 그러나 대량으로 생산된 액체 니트로글리세린은 약간의 부주의에도 폭발 사고로 이어졌고, 이에 따른 인명 피해가 끊이지 않았다.

이 문제를 해결한 과학자가 노벨이었다. 그는 연구 끝에 니트로글리세린에 규조토를 섞어 안정성을 대폭 높인 폭파제를 발명했다. 이것이 유명한 다이너마이트이다. 노벨은 자신이 만든 다이너마이트를 자랑하며 "많은 생명을 지켜 줄 것"이라고 공언했다. 그러나 그의 예상과는 달리 다이너마이트는 많은 생명을 빼앗아 갔다. 전쟁이 한창이던 시절, 다이너마이트의 폭발력을 눈여겨 본 군에 의해 살상무기로 변질되었기 때문이다. 무수한 사람이 다이너마이트로 목숨을 잃거나 치명적인 부상을 입었다. 노벨은 죽을 때까지 이 일에 대해 마음 아파하며 자신의 발명을 후회했다.

니트로글리세린. 협심증 환자에게는 천사와 같은 고마운 존재지만, 다이너마이트로 생명을 잃은 이들에게는 저주스러운 악마와 같다. 어떤 사회학자는 이러한 과학의 양면성을 두고 두 얼굴을 가진 신 야누스와 같다고 지적한다. 과연 과학은 천사와 악마의 모습을 모두 가진 변덕스러운 성격을 지닌 것일까.

현대사회 들어 과학의 위력과 영향력은 날로 팽대해졌고, 가히 세상을 지배하는 새로운 패러다임이 되었다. 패러다임은 사조로 전환되어 과학이 인간에 있어 최고의 지성이며, 원리적으로 어떤 문제라도 과학에 의해 해결될 수 있다고 주장하는 사람들이 등장했다. 이를 '과학주의'라고 한다. 그러나 과학은 문제도 양산했다. 역사를 보면 과학이 발전하는 만큼 사회에는 윤리적인 문제가 늘 따라왔다. 과학을 옹호하는 사람들은 과학 자체가 나쁜 것이 아니라고 말한다. 그런데 그러한 논리라면 치료 목적으로 사용될 때도 과학 자체가 선한 것이어서라고 설명할 수 없다.

과학은 무조건적인 선이나 악이 아니다. 그렇다고 야누스와 같은 이중인격을 가진 것도 아니다. 과학은 스스로 인격을 가지지 않았다. 과학이 때에 따라 천사도, 악마도 될 수 있는 것은 그것을 사용한 사람의 의도와 목적에 따라 판명된다. 과학은 목적을 만나 선이 되거나 혹은 악이 될 뿐이다. 과학 스스로는 목적을 구분할 수도, 걸러 낼 수도 없다.

_____ **계층구조 세우기**

과학은 스스로 목적을 취할 수도 없고, 선악을 구분하지도 못한다고 했다. 여기서 하나의 중요한 개념이 은근슬쩍 들어왔다. 바로 계층구조이다.

언어 개념 간에는 계층구조, 즉 상대적으로 상위, 하위로 나뉠 수 있는 계층구조가 있다. 예를 들어 보자. 복숭아, 딸기, 파인애플, 포도가 있다. 이들을 구분하는 작업을 해보자. 그런데 문제가 있다. 복숭아라는 개념은 복숭아와 복숭아가 아닌 것만을 구분한다. 딸기, 파인애플, 포도도 마찬가지다. 스스로와 그렇지 않은 것을 구분할 뿐이다. 각각의 구분을 한 번에 적용할 수 없듯이 현재 단계에서는 이들을 포괄할 수 있는 개념이 부재하다. 이들은 '과일'이라는 개념이 들어올 때 비로소 분류가 가능하다.

원래 복숭아, 딸기, 파인애플, 포도는 질서 없이 따로따로 놓여 있었다. 이렇게 특정한 분류 없이 혼재되어 있는 상태가 하위개념이다. 이 상태에서 과일이라는 개념이 들어오자 분류가 가능해졌다. 과일이라는 기준이 이들의 혼재를 해방했다. 이를 상위개념이라고 한다. 상위개념은 하위개념을 지배하며 질서를 부여한다.

과일은 분류 기준을 제시하며 서로를 구분 지었다. 복숭아, 딸기, 파인애플, 포도는 과일 안에서 하나로 묶였고, 각각을 구분하는 수식어로 다시 나뉘었다.

이를 방금 전 니트로글리세린의 사례에 적용해 보자. "구슬이 서 말이라도 꿰어야 보배"라는 속담이 있듯이 사용되고 있지 않은 니트로글리세린은 그저 창고 더미에 먼지와 함께 쌓여 있을 뿐이다. 그 특성에 의해 여러 용도로 사용될 수 있는 여지를 가졌을 뿐, 실제 구분되지 않은 혼재 상태이다. 따라서 이때 니트로글리세린이라는 과학은 어떤 계층구조 내의 하위에 해당한다. 그리고 용도가 정해지지 않은 상태의 니트로글리세린에 이제 의료, 발파, 무기 등의 다양한 목적이 들어온다. 이들 목적은 니트로글리세린을 의약품, 발파제, 다이너마이트로 분류하기 시작한다. 의료, 발파, 무기 등의 각각의 목적이 니트로글리세린을 구분한 것이다. 따라서 이들 목적은 상위개념이 된다.

니트로글리세린의 예처럼 과학은 스스로 목적을 취할 수 없다. 다만 인간의 목적이 과학을 분류하는 것이다. 여기에 계층구조의 원리를 도입하면 과학 위에 목적이 있음을 알 수 있다. 과학은 강력한 도구일 뿐, 결국 그 도구를 사용하는 것은 그것을 손에 쥔 인간이다.

과학은 자체가 갖는 성격에서 발로된 것이 아니라 그것을 취하는 목적에 의해 구분될 수 있다고 했다. 따라서 과학으로부터 목적을 분리하여 계층구조로 나타낼 수 있었다. 이번에는 계층구조의 원리를 목적에 적용해 보자. 이 방식으로 목적에 포함된 다른 요소 또한 분리해 낼 수 있다. 선과 악이다. 목적은 선악으로 구분된다. 목적이 선을 만나면 선한 목적이 되고, 악과 만나면 악한 목적이 된다.

언뜻 보면 선과 악은 목적과 동일 선상에 있는 것처럼 보인다. 그러나 그렇지 않다. 우선 언어적인 표현만 보더라도 '선한 목적', '악한 목적'이라고 한다. 언어에 녹아 있는 이치도 목적은 선악에 의해 구분된다고 말하고 있다. 무엇보다 인간의 목적 수준에서는 스스로 선악을 판별할 수 없다. 노벨은 인명을 보호하기 위해 니트로글리세린을 개량하여 다이너마이트를 만들었고 그 목적은 분명 선한 것이었다. 그러나 지금은 누구도 다이너마이트를 선하다고 하지 않는다. 역사에 기록된 악한 살상 도구일 뿐이다. 다이너마이트뿐 아니라 선한 의도로 시작되어 악으로 끝난 일들은 빈번하다. 악한 목적이었지만 선이 되어 버린 경우도 종종 일어난다. 목적은 선악을 구분할 수 없다. 목적을 지배하는 인간이 선악을 구분할 수 없기 때문이다. 인간이 선과 악을 구분할 수 있는 것은 오직 역사로써 지난 일들을 되돌아볼 때이다.

여기서 다시 계층구조가 도입된다. 목적은 스스로 선악을 구분할 수 없다. 오히려 선악의 개념이 목적을 선과 악으로 분류한다. 따라서 목적 위에 선악이 계층구조의 상위개념이 된다.

이상 과학, 목적, 선악을 계층구조 논리로 분류했다. 인간은 어디에 위치할까? 인간은 이들 계층구조에 직접 삽입될 수 없다. 이미 계층구조에서 자리를 잡고 있는 과학, 목적, 선악 중에서 하나의 매개체를 통해야 한다. 세 가지 중에서 인간이 온전히 통할 수 있는 매개체는 무엇일까. 목적이다. **인간은 목적만을 취할 수 있다.** 선악은 취할 수 없다. 앞서 언급한 대로 인간은 특성상 온전히 선악을 지배할 수 없기 때문이다. 인간은 목적을 통하건, 이성을 발휘하건 선악을 통제할 수 없다.

지금까지의 계층구조를 정리하면 아래서부터 과학, 목적, 선악이다. 과학 위에 목적이 있고, 목적 위에 선악이 있다. 그렇다면 선악이 계층구조의 최상위일까? 분명 세상은 선과 악의 싸움이며, 그를 중재하는 존재는 없는 것 같다. 세상은 선과 악이 대결하는 이분법의 전쟁터이다.

그러나 우리가 선과 악이라고 말하는 순간부터 이미 하나의 계층구조가 도입된 셈이다. C. S. 루이스가《순전한 기독교》에서 이를 잘 설명했다.

> 이분법에 따르면 아마 두 힘 각각 자기가 선하며 상대방이 악하다고 생각할 것입니다. 둘 중에 하나는 미움과 잔인성을 좋아하고 다른 하나는 사랑과 자비를 좋아하는데 두 힘 모두가 자기가 선하다고 주장합니다. 그렇다면 우리는 대체 어떤 뜻에서 하나는 '선한 힘'이라고 부르고 하나는 '악한 힘'이라고 부르는 것입니까?
>
> 만일 어쩌다 보니 선한 힘을 더 좋아하게 되었다는 뜻에서 그렇게 부

르는 것이라면, 선과 악에 대해서는 더 이상 아무 말도 할 수 없습니다. 선이란 '어쩌다 보니 그 순간에 더 좋아하게 된 것'이 아니라 여러분이 '더 좋아해야만 하는 것'을 뜻하는 것이기 때문입니다. 만약 '선하다'는 것이 단지 별 이유 없이 마음에 끌리는 편에 합세하는 것을 뜻한다면, 그때의 선은 선이라고 불릴 가치가 없습니다. 그러니까 우리가 하나를 '선하다'고 부르고 다른 하나를 '악하다'고 부르는 데에는, 두 힘 가운데 하나는 실제로 그르며 다른 하나는 실제로 옳다는 뜻을 포함하기 때문입니다.

이렇게 말하는 순간, 우리는 이 두 힘을 제외한 제3의 기준을 자연스럽게 끌어들이게 되었습니다. 그 기준에 따라 두 힘을 판단하게 되는 것을 볼 때, 그 기준 내지 그 기준을 만든 '존재'는 그 두 힘보다 더 오래전부터 있었을 것이고, 더 높은 곳에 있을 것이며, 그야말로 진정한 하나님일 것입니다. 즉, 우리가 하나를 선하다고 부르고 다른 하나를 악하다고 부르는 것은, 사실상 하나는 궁극적 하나님과 바른 관계를 맺고 있으며 다른 하나는 그릇된 관계를 맺고 있다는 뜻인 것입니다.

세상을 선과 악, 이분법으로 바라보는 것은 모순이다. 선과 악의 개념을 구분할 수 있는 순간, 그 기준이 이분법 내에 이미 존재하기 때문이다. 선과 악은 각자를 옳다고 하기 때문에 스스로 선악을 구분할 수 없다. 그 둘을 구분하는 기준이 있고, 그 기준을 포함하는 개념이 선악의 상위개념이다. C. S. 루이스는 이를 하나님이라고 했다.

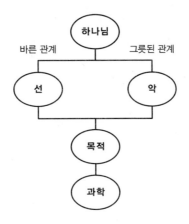

이제 계층구조가 정리되었다. 과학, 그 위에 목적, 그 위에 선악, 그 위에 하나님이 있다. 여기서 도출한 계층구조로도 과학은 하나님 아래, 선악 아래, 목적 아래에 존재한다. 이런 과학이 하나님과 동등한 위치에서 진리를 대신할 수는 없는 것이다.

_____ 계통수와 진화론의 만남

내 주변을 포함하여 세상에는 참으로 다양한 개체가 있다. 이들을 잘 살펴보면 전혀 다른 개체인데 공통점이 있고, 또 공통점에서 따로 구별할 수 있는 차이점이 있다. 이렇게 다른 개체들과 비교해서 나타나는 공통점과 차이점을 '특징'이라고 한다. 특징이 비슷하면 개체들을 그룹으로 묶을 수 있고, 그렇게 나누는 특징이 다양해지면 그룹을 다양하게 나눌 수 있다. 특징을 토대로 그룹을 나누는 기준을 '분류 기준'이라고 한다.

분류 기준에는 수준의 차이가 있다. 넓게 아우르는 공통의 큰 기준과 그 안에서 잘게 나눌 수 있는 세밀한 기준이 있다. 세밀한 기준도 역시 여러 단계가 있다. 빙과류를 예로 들어 보자. 빙과류는 크게 아이스바와 콘으로 나눌 수 있다. 아이스바를 따라가 보면 모양에 따라 원통형과 직육면체형으로 나뉜다. 또 원통형 안에는 기본형이라 볼 수 있는 비비빅과 기본형에서 응용한 모양들이 있다. 나선으로 비틀어 놓은 스크류바, 원통 두 개를 붙인 쌍쌍바 등이 대표적이다. 직육면체형은 원통형과 비슷한 메로나와 납작한 메가톤바로 구분된다. 납작한 직육면체는 맛에 따라 돼지바, 보석바, 까마쿤 등으로 이어진다.

앞서 보았듯이 분류 기준에서 나타나는 공통 기준과 세밀한 기준들은 그 적용 순서가 비교적 명확하다. 보다 공통된 기준이 먼저 분류되고 세밀한 기준이 뒤따라오며 다음 소그룹으로 세분화된다. 빙과류도 먼저 가장 큰 공통 기준을 적용하여 아이스바와 콘으로 분류했다. 여기서 아이스바는 원통형과 직육면체형으로 나뉜 것처럼 세밀한 분류에 의해 구분되었다. 이렇게 분류된 그룹은 다시 그 안의 더 세밀한 기준에 의해 나뉘었다.

이제 분류 기준으로 나누는 과정을 그림으로 나타내 보자. 분류 기준이 적용되는 과정을 가장 적합하게 나타낼 수 있는 기본 그림은 무엇일까. 학자들은 나무 모양을 제안했다. 분류 기준 다음의 분류 기준은 보다 세밀해지므로, 그때마다 나무처럼 새로운 가지를 뻗어 나가게 하는 것이다. 먼저 나무의 줄기가 되는 굵은 밑둥을 세운다. 여기에 첫 분류 기준을 적용해 보자. 빙과류에서는 아이스바와 콘으로 나누었다. 밑둥에서 시작된 줄기가 아이스바와 콘, 이렇게 두 개의 가지로 나뉘면서 위로 올라간다. 이중 아이스바를 따라 올라가면 가지는 원통형과 직육면체형으로 나뉜다. 원통형은 다시 기본형과 응용형의 두 가지로 나뉜다. 이렇게 빙과류에 대해 분류 기준을 적용해서 그려 나가면 나무가 줄기를 뻗은 모습과 상당히 비슷해진다. 크게 나뉘는 첫 분류 기준은 나무 밑둥에 바로 연결된 가지이고 세밀한 분류는 큰 가지에서 나온 잔가지들과 같다. 후세의 학자들은 나무 그림을 계통수[7]라고 불렀다. 여기서 수樹는 나무를 뜻한다.

계통수의 주요 원리는 새로운 특징이 나타나면서 가지가 나

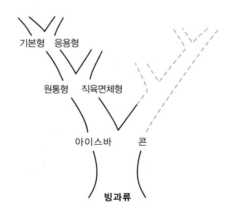

56

넌다(분기)는 점이다. 비비빅을 기준으로 메로나는 사각기둥이라는 새로운 특징을 보였다. 메로나에서 메가톤바는 좀더 납작한 사각기둥을 가진 특징으로 분기될 수 있다. 메가톤바에서 돼지바는 새로운 맛을 제공하면서 분기된다. 이렇게 여러 갈래로 분기된 가지를 역으로 거스르면 하나의 기둥이 세워진다. 그 기둥은 분기된 가지를 묶는 공통 특성을 갖는 한편 가장 단순한 모습을 취한다.

계통수는 빙과류이건, 장난감이건, 공구이건 각기 구분할 수 있는 특징을 지닌 다양한 개체가 있으면 큰 무리 없이 적용할 수 있다. 빙과류 계통수, 장난감 계통수, 공구 계통수 등. 기준을 명확히 정할 수 있으면 분류와 함께 나무 모양을 그릴 수 있다.

생물들도 이와 같은 작업 방식으로 분류할 수 있다. 생물 개체도 다른 개체와 구분할 수 있는 특징이 있고, 마찬가지로 분류 기준을 적용할 수 있다. 분류 기준도 전체를 가르는 공통된 큰 기준과 그 안에 세밀하게 분류할 수 있는 작은 기준이 있다. 먼저 큰 기준으로 생물을 나눈다. 다음으로 그룹을 구별할 수 있는 세밀한 기준을 적용한다. 분류 기준을 바탕으로 나무를 그리고 그 기준대로 가지를 뻗어 생물들이 배치된다. 이때 앞선 자리에는 상대적으로 간단한 형태의 생물이 위치하게 된다. 투박해 보이는 생물에게는 세밀한 분류 기준을 적용할 수 없기 때문이다. 다소 인간 중심적인 생각이지만 그만큼 분류 방식은 깔끔해졌다. 굵은 줄기에서 시작된 분류 그룹은 세밀한 가지로 나뉘었고, 세상의 생물들은 적절한 배치를 기다렸다.

생물 계통수는 분류 그룹뿐 아니라 각 그룹 사이의 관계를 잘 드러내는 획기적인 체계였다. 그러나 아직은 여타 분류 체계들과 경쟁하는 처지에 불과했다. 재야의 시간은 길지 않았다. 계통수는 곧이어 일어난 생물학의 대대적인 혁명에 편승하여 중심 위치에 서게 된다. 훗날 생물학을 지배하게 될 절대군주, 진화론이 이끈 혁명이었다.

계통수가 태동한 지 얼마 안 되어 생물학에서 또 하나의 학설이 설득력을 얻고 있었다. 진화론이었다. 진화론은 생물이 변화를 거쳐 진화해 왔다고 주장했다. 즉, 진화란 주변에서 맴도는 제자리걸음이 아니라 긴 시간 모습을 바꾸는 변천이었다. 그러나 진화론이 관찰할 수 있는 사례는 아직 생물 간의 짧은 변화에 불과했다.

연결 고리가 확장되는 포석은 계통수였다. 거대한 나무 그림은 생물의 관계를 넘어 변화를 시사하고 있었다. 계통수의 특징은 보다 기본적인 형태의 개체가 세밀한 개체보다 앞선 줄기에 위치한다는 것이다. 이를 따라가다 보면 필연적으로 가장 큰 줄기에 가깝게 위치한 생물은 가장 간단한 구조를 가진다. 반면 복잡하고 세밀한 분류를 취해야 하는 고등 생물은 여러 갈래로 갈라져 가지 끝에 위치한다. 공간상의 상대적 위치를 토대로 순서를 세우면 복잡한 정도의 순서와 일치했다. 이는 생물 계통수를 그릴 때 자연스럽게 나타나는 필연적인 결과이다.

그런데 계통수의 결과로서 나타난 복잡성의 증가는 진화론에서 볼 때 변화의 과정이었다. 생명의 기원은 가장 단순한 구조여야 했고 지금의 모습을 설명하기 위해서는 진화의 기작機作을 빌려야 했다. 즉, 변화의 과정에서 복잡함이 더해 간다고 보았을 때 두 논리는 절묘하게 일치된 순서를 제공했다. 진화론에서는 간단한 구조의 생물이 변화를 거쳐 지금의 복잡한 생물로 진화해 왔다는 주장이 가능했다. 따라서 간단한 구조의 생물은 이전 시대에, 복잡한 생물은 진화를 거쳐 후대에 등장했다고 설명했다. 이 흐름은 간단한 구조에서 복잡한 정도의 순서를 따라 계보를 그려 나갔다. 계통수와 진화론, 전혀 다른 두 원리에서 거의 똑같은 결과가 도출된 것이다. 차이는 계통수의 순서가 나무 그림 내에서 다루는 공간적 순서라면, 진화론의 순서는 시간적 순서였다. 학자들은 계통수에 진화론을 결합하여 생물학을 재편했고, 둘은 원래 하나였던 것처럼 잘 들어맞는 결과를 내놓았다.

> 친연 관계에 있는 모든 생물은 하나의 나무로 나타낼 수 있다고 확신한다. 잎이 달린 새로 돋은 가지로 현존 생물을 나타낼 수 있고, 이들은 멸종한 종들의 오래된 후손이다. 시대를 거듭할수록 더 많은 가지들이 뻗어 나가고 가장 위에 현존하는 생물만이 나타나게 된다.

계통수라는 표현은 이때부터 본격적으로 사용되었다. 이후의 계통수는 진화론을 등에 업고 다양한 학문을 아우르는 학술 체계로 성장하게 된다.

진화론의 대상은 인류도 예외가 아니었다. 생물학자들은 인류를 분류 기준에 따라 계통수에 배치했고, 가장 고등한 생물이었기에 가지 끝에 배치했다. 그런데 각 지역에서 인간과 비슷하지만 현세 인류와는 특징이 구별되는 화석이 발견된다. 생물학자들은 이들이 진화의 선상에서 현세 인류보다 먼저 출현한, 이른바 인류의 조상이라는 결론을 내린다. 가장 앞에 선 오스트랄로피테쿠스는 확실히 투박해 보였다. 그리고 계통수상의 흐름대로 순서가 정해졌다. 호모하빌리스, 다음이 호모에렉투스, 그다음이 네안데르탈인과 호모사피엔스였다. 계통수에서 이들을 뽑아내어 한 줄에 세운 것이 인류가 변화하는 모습을 설명하는 '인류 진화도'이다. 잘 알려져 있다시피 인류 진화도는 진화를 상징하는 대표적인 그림으로 대중에게 널리 소개되어 왔다.

그런데 인류 진화도에 오류가 있었다. 인류 진화도 중간에 위치한 네안데르탈인이라는 인종은 호모에렉투스와 호모사피엔스 사이에 위치한 인류의 조상으로 알려져 왔다. 그런데 이러한 통념을 깨는 연구 결과가 보고된다. 분자유전학[8]의 발달로 네안데르탈인이 호모사피엔스의 조상이 아니라는 사실이 발표된 것이다. 그들은 호모사피엔스와 동시대에 살다가 급속히 멸종한 개별 인종이었다. 이들이 어떻게 멸종되었는지는 수수께끼로 남아 있고, 다만 호모사피엔스와 혼혈로 현생 인류에 영향을 주었다는 주장만 정설로 받아들여지고 있다. 이에 따라 학자들은 계통수 내의 네안데르탈인 부분을 대폭 수정해야 했다.

　　과학은 거대한 지성이며 이를 구성하는 기본 요소는 각각의
연구에서 단편적으로 얻는 과학 지식이다. 개별적으로 얻어진 과
학 지식이 어떻게 거대한 지성으로 거듭날 수 있을까. 과학 지식
은 축적될 뿐이며 스스로 체계화될 수 없다. 이 작업은 과학자들
이 한다. 과학자들은 모여진 과학 지식을 체계화해서 과학이라 불
리는 지성을 쌓으며, 잘 정리해서 과학적인 설명을 내놓는다. 이를
'과학 이론'이라고 한다.

　　과학 이론은 잠정적이라는 특성을 갖는다. 과학 이론을 뒷받
침하는 과학 지식이 늘 변화의 가능성을 열어 두고 있기 때문이다.
적절한 과학적 방법을 통해 도출된 과학 지식은 이견 없이 인정될
것이다. 그러나 과학은 발전한다. 과학의 발전은 이전의 과학 지식
을 새로운 관점으로 재평가하며, 전혀 다른 결과를 내놓을 수 있
다. 반증가능성이다. 네안데르탈인이 처음 발견되었을 때는 당시
과학 이론에 의해 인류의 직계 조상임에 이견이 없었다. 그러나 훗
날 등장한 분자유전학은 네안데르탈인에 대한 지식을 재평가했
다. 과학 지식은 언제나 과학에 의해 재평가될 수 있고 그에 따라
변경될 수 있다. 이들을 기반으로 이루어진 과학 이론 역시 번복될
수 있다.

　　인류의 진화는 과학 지식들이 모인 과학 이론이다. 그런데 이
를 구성하는 하나의 과학 지식이 크게 변동했다고 하자. 인류 진화
도에서 네안데르탈인을 수정한 것이 이에 해당한다. 물론 인류 진

화도는 약간만 수정될 뿐이다. 향후 이와 비슷한 연구 결과가 제시된다 하더라도 인류 진화도는 겨우 조금씩만 수정될 것이다. 그러나 만약 인류 진화의 주요한 흐름에 어긋나는 연구 결과가 나온다면 어떻게 될까? 인류 기원에 관한 진화론의 설명은 부정되는 셈이며, 이후 크게 수정되거나 이를 대체할 새로운 가설이 등장할 것이다. 네안데르탈의 연구 결과는 단지 과학사의 에피소드가 아니라, 진화론 역시 반증가능성의 대상에서 예외가 될 수 없음을 말해 주는 중요한 시사점이다.

아무리 과학적인 추론 과정을 거쳤다 하더라도 특정한 배경지식이 작용한다면 그릇된 결과를 내놓을 수 있다. 네안데르탈인을 초창기에 접한 인류학자는 진화론에 근거해 그들을 야만인으로 묘사했다. 그러나 현대의 과학자들은 네안데르탈인에게 설골, 즉 발성기관이 있음을 확인한다. 따라서 설골의 흔적은 그들이 언어를 구사할 정도의 고등 수준으로 생활했음을 말해 준다.

한쪽으로 치우친 시선. 이를 편견이라고 한다. 편견이 머릿속에 자리 잡고 있으면 생각도 한쪽으로 기울기 마련이다. 편견의 특징이 있다. 편견은 편견에서 온다는 것. 그리고 세대를 거치며 그 모습을 바꾼다는 것. 네안데르탈인에 대한 편견은 부정확한 정보에서 왔다기보다, 진화론 그 자체에서 비롯된 것으로 보인다.

진화론과 계통수의 결합 과정으로 거슬러 올라가 보자. 등장 당시의 계통수는 '분류'라고 하는 고전 철학이 정리한 인간 중심적인 분류 체계일 뿐이었다. 진화론 역시 과학자의 제한된 관찰에서 출발한 이론이었다. 인간에게서 시작된 두 체계는 공간과 시간의 대체적인 일치에서 생물 진화를 확증하며 서로에게 뗄 수 없는 존재로 결합해 갔다. 이에 따라 계통수는 든든한 지원군이 되어 진화론을 지지했고, 진화론 역시 계통수를 되짚어 올라가며 인간의 기원을 설명했다. 동시에 생물 간에 '복잡성'이라는 축이 파생되었다. 복잡성은 간단한 구조의 원시생물에서 가장 고등한 생물인 인간까지를 하나의 축으로 연결했다. 복잡성은 진화의 흐름과도 맞물려 있었다. 복잡성이 커질수록 진화의 정도는 고등한 생물에 가까이 다가섰다. 반면 인간에게 멀어질수록 하등한 생물로 취급되었다. 복잡성은 계통수와 진화론을 이어 주는 상징과도 같았다.

그러나 복잡성은 진화의 부수적인 축에 불과하다. 복잡성의 순서는 진화의 흐름과 일치하지 않는다. 진화의 방향은 복잡성의 반대인 단순함으로 진행된 사례도 포함한다. 또한 변화의 안착은 자신의 능력보다 외부 환경에 더 의존한다. 수십억 년 동안 진화하지 않은 채 모습을 유지하는 생물의 존재도 보고된다. 이는 진화가 복잡성을 동반하는 필연적 진행이 아님을 의미한다. 진화론은 어떤 의미에서 인간이 단순한 생물과 별반 차이가 없음을 시사한다. 인간이 복잡해진 과정은 설명하지만 그 지위나 의미는 빼앗아 버린다. 복잡성이나 계통수상의 위치가 인간과 가까울수록 고등하다는 생각은 편견이다. 계통수와의 결합은 진화론의 범위를 넓혀 주었지만 동시에 복잡성에 대한 편견도 함께 들여왔다. 복잡성은 관찰에서 얻어진 추론보다 먼저 형성된 편견은 아니었을까? 이러한 편견은 너무나 쉽게 들어온다.

_____ 진화론은 두려움의 대상이 아니다

낯선 방에 들어온 대학생 5명. 탁자 위에 한 아이의 사진이 놓여 있다. 심리학자는 실험의 목적을 숨긴 채 대학생들에게 사진을 보게 한다.

사진에는 한 아이가 있다. 아이는 부유한 집에서 넉넉하게 자라 온 것처럼 보인다. 아이는 고급 카페 테라스에서 맛있어 보이는 디저트를 먹으며 행복한 표정을 짓고 있다.

앞선 5명이 다른 방으로 이동하고, 그 사이 심리학자는 아이의 사진을 바꾼다. 이제 다른 5명이 방에 들어온다. 이들 역시 아이의 사진을 본다. 그러나 이들이 보는 것은 후미진 골목에서 혼자 노는 아이의 사진이다. 사진 속 아이는 왠지 가난해 보인다.

사실 두 사진에 있는 아이는 동일한 아이였다. 촬영이 있던 날 심리학자는 아이를 전망 좋은 고급 카페에 앉혀 두고 맛있는 디저트를 제공하는 등 최대한 행복한 분위기를 연출하며 사진을 찍었다. 첫 번째 그룹이 본 사진은 이때 찍은 사진이었다. 카페에서 촬영 직후 아이는 외진 골목에서도 사진을 찍었다. 일부러 가난해 보이도록 연출한 것이다. 두 번째 그룹은 이때 찍은 사진을 보게 된다. 대학생들은 이런 사정을 모른 채 서로 다른 사진만 봤을 뿐이다.

　이제 두 그룹에게 똑같은 비디오를 보여 준다. 아이가 간단한 시험을 보는 장면이다. 어떤 질문에는 대답을 하고, 어떤 질문에는 대답을 못한다. 심리학자는 각각의 대학생들에게 아이의 인상에 대해 말하도록 했다. 먼저 부유한 분위기를 연출한 사진을 본 다섯 명의 대답이었다.

　"80퍼센트 정답을 맞힌 것 같아요."

　"충분히 대답할 수 있는 건 다 잘했던 같아요."

　"자기 생각을 잘 말하네요."

　"활발하고 친구들을 리드할 것 같아요."

　"좋은 환경에서 자란 느낌을 받았어요."

　이번에는 가난한 배경의 아이를 본 다섯 명의 대답이다.

　"30~40퍼센트 정도 맞힌 것 같아요."

　"2학년이라는 것에 비해 지식이 많이 부족한 것 같아요."

　"그렇게 뛰어나거나 잘하는 것 같지는 않아요."

　"발달이 좀 미숙하지 않았나…."

　"많이 배우지 못해서 말을 잘 못한다는 인상을 받았어요."

　똑같은 비디오를 보여 주었지만 아이는 전혀 다른 아이가 되어 있었다. 단지 몇 분 동안 본 사진이 사람들에게 편견을 심어 준 모습을 보고 심리학자는 다음과 같이 말한다.

"특정 그룹의 사람이 더 부유하고 더 열심히 일하고 더 머리가 좋다는 것은 착각입니다. 우리가 아는 모든 사회가 고정관념, 편견을 가지고 있습니다. 하지만 대부분의 경우 특정 그룹에 대한 차별적인 경우는 어떠한 정당한 이유가 없습니다."

현대에는 개인에게 너무나 많은 정보가 유입된다. 그 와중에 나도 모르게 자리 잡은 편견이 있을 수 있다. 편견이 아니더라도 한쪽을 지지하는 경우에는 왠지 그쪽 편만 들기 마련이다.

우리는 편견에 오염되지 않도록 자신을 지켜야 한다. 자신의 생각에 대해 양심적으로 질문하고 철저한 검증을 거칠 필요가 있다. 내 머릿속에서만 일어나는 일이더라도 말이다.

그러나 진화론에 대해서는 편견을 걷어 내기 어렵다. 신비가 과학으로 접근될 때 경외는 계몽의 대상이 되며, 경이는 지식으로 상품화된다. 진화론은 신앙의 영역을 침범하며 창조를 해체한다. 하나님은 축소되며 설 자리를 잃어 가는 것처럼 보인다.

진화론이 진리로 인정된다고 해서 하나님의 존재가 부정될 수 있을까? 진화론이 과학의 한계를 넘어 진리로 인정받게 되었다고 하자. 그러나 하나님이 창조하셨을 수도 있다. 인류와 교제하기 위해 에덴을 가꾸셨을 수도 있다. 인류의 범죄에 노하여 타락을 들여오셨을 수도 있다. 타락의 두 글자 사이에 시간의 상식을 거슬러 진화의 원리로 에덴 밖 세상을 조성하셨을 수도 있다. 아담과 하와를 쫓아내 이들 세상에 섞여 들어가게 하셨을 수도 있다. 믿음의 조상을 인도하시면서 그들로 하여금 성경을 쓰게 하셨을 수도 있다. 이러한 내용에 사람들이 믿음을 저버린 것일 수도 있다. 삶에서 하나님을 만나지 못하면 성경은 과학책보다 신뢰를 줄 수 없기 때문이다.

가정에 불과한 것인지도 모른다. 초자연적 요소를 빌려 와 성경의 세계관을 방어한 것일 수도 있다. 그러나 이와 상관없이 분명한 것이 있다. 하나님의 방식은 인간의 생각을 넘는다는 것이다. 진화론자들이 그 존재를 의심해도, 교회의 대응이 변변치 못해도 하나님은 그와 상관없이 존재하신다. 하나님의 자취는 원리가 아니라 사건이며 역사이다.

진화론은 두려움의 대상이 아니다. 억지로 지키겠다는 마음이 앞서면 세상에 반감만 앞선다. 편견을 걷어 내고 보다 객관적이고 논리적으로 접근해야 한다. 그래야 진화론을 제대로 보고 평가할 수 있다.

_____《종의 기원》, 찰스 다윈의 등장

행성에 있는 암석을 보고 놀랄 사람은 아무도 없다. 인위나 설계의 흔적이 없기 때문이다. 하지만 시계와 같은 정교한 기계는 그렇지 않다. 시계는 그것을 디자인한 제작자, 이른바 시계공이라 불리는 고도의 지적 생명체가 있다는 확실한 증거가 된다.

이와 같은 논리를 생물에 적용해 보자. 생물은 시계와는 비교할 수 없을 정도로 정밀하고 조화롭다. 사람들은 이에 대한 경외로 생명의 신비라고 불렀다. 그렇다면 생명을 설계하고 제작한 창조주가 있다는 생각이 들기 마련이다. 생물의 정교함과 아름다움은 그것을 만든 신의 성품을 그대로 담아낸 것이다. 앞선 시계의 추론처럼 생물을 만든 설계자가 있을 것이라는 주장이 자연스럽게 이어진다. 이를 '시계공 논증'이라고 한다.

그동안 신학자들은 성경 외에 달리 하나님의 존재를 증명할 수 없다는 사실에 고민해 왔다. 하나님의 존재를 인정했지만 이를 논리적인 설득으로 납득시킬 수 없었다. 이들은 인간 이성으로 하나님의 존재를 증명할 수 있는 방법을 찾았고, 자연에서 하나님을 증명하려고 했다. 자연신학[9]이라고 한다. 이 과정에서 선보인 시계공의 비유를 통한 논증은 반론의 여지가 없는 완벽한 논리였다. 분명 그가 등장하기 전까지는 그랬다.

이내 한 과학자가 의문을 품는다. 그는 다른 동물의 내장 혹은 피부에 자신의 알을 주입시키며 사는 비열한 기생충을 보며 고민했다. 자연신학의 주장처럼 생물을 설계한 신이 완벽하고 선하다면 세상은 완전하고 아름다워야 했다. 하지만 현실은 그렇지 않았다. 그는 다른 논리를 찾았다. 얼마 후 농장의 가축을 보고 결정적 힌트를 얻는다. 가축은 처음부터 가축이 아니었을 것이다. 다른 종자와 구별되는 특징을 '형질'이라고 하는데, 가축은 야생동물로부터 온순하고 생산성이 우수한 형질을 가진 종자만을 골라 인위적으로 교배시켜 얻어 낸 결과였다. 이렇게 인간에게 유리한 형질을 추려서 품종을 개량하는 것을 '인공선택'이라 한다.

그는 품종이 변화한 것에 주목했다. 인공선택이라는 과정은 단지 수단일 뿐이었다. 그는 자연에도 인공선택과 비슷한 과정이 있을 것이라고 생각했다. 생각을 굳히게 된 계기는 핀치새였다. 그가 방문한 갈라파고스 섬에는 가늘고 긴 부리를 가진 핀치새와 두꺼운 부리를 가진 핀치새가 있었는데 유독 후자가 많았다. 원래 두 그룹의 수는 큰 차이가 없었을 것이다. 그런데 어떤 원인이 두꺼운 부리의 핀치새 수를 증가시켰다. 그는 단단한 껍질의 열매 때문이라고 생각했다.

'섬의 생태가 바뀌면서 단단한 껍질의 열매가 풍성해졌다. 가늘고 긴 부리의 핀치새는 단단한 껍질을 깨지 못해 굶어 죽었을 것이다. 반면 두꺼운 부리를 가진 핀치새는 열매를 깨서 먹을 수 있으니 살아남았을 것이다. 이들의 두꺼운 부리는 이 섬에서 살아남기에 유리한 형질이다.'

그의 추론은 인공선택과 상당히 흡사했다. 인간의 선택 대신 자연의 생존 조건에 유리한 형질을 가진 종자, 즉 자연의 선택을 받은 종자가 살아남는다. 그는 인공선택에서 이름을 따서 '자연선택'이라고 명명했다. 생존에 적응하는 과정에서 살아남은 종은 자연선택의 관점에서 품종개량과 같았다. 자연선택의 과정을 거치면서 이루어진 품종개량이 생물을 조금씩 변화시켰고, 이 과정이 누적되었다고 본다면 큰 변화도 설명이 가능했다. 역으로 모든 생물은 과거의 공통 조상에서 출발했다는 추론도 가능했다. 공통의 조상이 세계 각지로 퍼지며 각지의 생태에 선택된 결과, 지금의 다양한 생물이 나타났다는 것이다. 진화론이라 불리는 과학 이론이 탄생하는 순간이었다.

그는 자연에서 관찰되는 자연선택의 사례들과 함께 자신의 주장을 정리하여 책을 내놓는다. 앞서 언급한 《종의 기원》이었다. 그가 누군지 명확해졌다. 찰스 다윈이다.

다윈이 진화론을 주장하자 일부 학자들은 코웃음을 쳤다. 이전에 라마르크라는 학자가 내놓았다가 퇴출당한 이론이었기 때문이다. 물론 라마르크가 주장한 진화론은 다윈의 주장과는 다른 내용이었다. 라마르크는 한 채식 동물을 예로 들었다. 이 동물은 평범해서 다른 채식 동물에 비해 먹이를 얻는 데 유리할 것이 없었다. 그런데 갑자기 환경이 혹독해졌다. 풀잎은 급격히 줄어들었고 재빠른 동물들에 의해 남아나지 않았다. 다행히 이 동물은 다른 동물에 비해 약간 목이 길었다. 이들은 목을 늘려 약간 높은 나무에 있는 잎을 먹기 시작했다. 이에 익숙해지자 더 높은 곳에 있는 잎들도 먹으려 했다. 목뼈와 근육이 조금씩 늘어나기 시작했다. 수년이 지나 이 채식 동물의 목은 처음에 비해 몰라보게 길어졌다. 이제는 남들이 먹을 수 없는 높은 가지에 있는 잎까지 먹을 수 있었다. 긴 목은 자손에게 전달되어 다른 종과 구별할 수 있는 독특한 형질이 되었다. 기린이라는 종이 진화를 통해 등장하게 된 배경이다.

찰스 다윈(Charles Rovert Darwin, 1809~1882)

쓰는 기관은 발달하고 쓰지 않는 기관은 퇴화한다. 생물은 이와 같은 방식으로 진화해 간다. 라마르크는 자신의 학설을 사용, 사용하지 않음이란 뜻으로 용불용설[10]이라 불렀다.

그러나 용불용설에는 치명적 결함이 있다. 늘어난 목은 자손에게 전달되지 않는다는 것이다. 일생 동안 열심히 목을 늘려도 새끼는 긴 목을 갖고 태어나지 않는다. 생물의 변화는 1대에서 끊기고 만다. 이런 방식으로는 긴 기간의 진화는 물론, 한 세대의 진화도 설명할 수 없게 된다. 다윈의 진화론에는 라마르크가 부딪힌 반증을 넘을 수 있는 원리가 숨어 있었다. 그 열쇠를 쥐고 있던 학자는 다윈이 아닌 멘델이었다.

오스트리아 수도사였던 멘델은 생물학에 있어 진화론과는 별개로 역사적인 연구 결과를 발표한다. 자손의 형질이 부모로부터 결정되는 유전의 원리를 밝혀낸 것이다. 그는 실험에 앞서 다음과 같은 가설을 세운다.

'자손에게 나타난 형질은 부모에게서 온 것이다. 부모가 생식을 통해 자손을 생산할 때는 부모의 형질을 담은 어떤 정보가 전달되기 때문이다.'

그가 계획하는 실험은 부모, 자식 간 특징을 한눈에 비교할 수 있도록 세대가 짧아야 했다. 또 전달하는 형질이 쉽게 파악될 수 있도록 서로 확연히 대비되는 특징을 갖춰야 했다. 이러한 조건을 잘 갖춘 생물이 완두콩이었다. 완두콩은 세대 간 간격이 수개월뿐이었다. 또 부모에게 두드러지게 대비된 형질이 여러 가지였다.

완두콩의 색, 모양, 콩깍지, 꽃잎의 색 등. 그중 꽃잎의 색을 살펴보자. 완두콩 꽃잎의 색은 두 가지로, 붉은색과 흰색의 대비가 뚜렷했다. 이들 형질은 부모로부터 자손에게 전달되었다. 붉은 꽃을 피우는 완두콩은 다시 붉은 꽃잎을 생산했고, 흰 꽃을 피우는 완두콩 역시 흰색의 꽃잎을 생산했다.

가설처럼 멘델은 꽃잎의 형질이 대를 이어 그대로 나타나는 것은 부모에게 전달받은 어떤 정보 때문일 것으로 생각했다. 붉은 꽃잎의 완두콩은 자신의 형질을 담은 정보를 자손에게 전달했을 것이고, 흰색 꽃잎의 완두콩도 자신의 정보를 전달했을 것이다. 그러나 어떤 정보가 있다는 그의 주장은, 단순히 자식에게 나타나는 형질이 부모에게서 온 것과 같다는 사실만으로 지지받기에는 무리였다.

멘델은 대비되는 각각의 두 형질을 교배해 보았다. 붉은 꽃을 피우는 완두콩과 흰 꽃을 피우는 완두콩을 교배한 것이다. 전달되는 정보가 다음 세대에서 어떤 역할을 하는지 관찰하기 위해서였다. 결과는 이상했다. 단 하나의 성질, 붉은 꽃만 나왔기 때문이다. 흰색의 꽃을 내는 형질은 교배 과정에서 붉은 꽃을 내는 형질에게 먹혀 버린 것일까? 멘델은 수도사답게 침착했다. 흰색 꽃을 피우는 형질 정보가 먹히거나 사라지지는 않았을 것이라고 생각했다. 그는 교배되어 나온 완두콩을 그 안에서 다시 교배했다. 교배 2세대인 셈이었다. 그랬더니 놀라운 결과가 나왔다. 흰 꽃이 붉은 꽃과 함께 다시 등장한 것이다.

'색의 형질을 담은 어떤 정보가 존재할 것이다. 이 정보는 부모로부터 자손에게 해당 형질을 전달하는 역할을 수행한다. 교배 중에 사라진 형질은 다만 감추어져 있을 뿐이다. 감추어진 형질은 어떤 원리에 따라 다시 나타난다.'

이는 기호로 표현할 때 쉽게 설명이 가능했다. 붉은 꽃은 R, 흰 꽃은 w로 표현해 보자. 각각 대문자와 소문자로 지정한 이유는 이후에 나오는 우열의 법칙 때문이다. 자손은 기호에 해당하는 형질을 부모에게서 전달받는다. 부모가 R라면 자손은 그대로 R를 받아 붉은 꽃잎이 되고, w는 w를 전달하여 자손을 흰 꽃으로 나타나게 한다.

멘델에 의해 서로가 짝지어진 교배 1세대는 어떻게 될까. R와 w가 결합되어 동시에 표현된다. 즉, Rw가 된다. 참고로 다음 세대가 되면 기호가 확장되는 것이 아니므로 완두콩의 형질을 나타내는 기호를 2개로 하는 것이 합리적이다. 따라서 앞서 R는 실제 RR가 되고 w는 ww이다. 이는 완두콩이 교배될 때 스스로 감수분열[11]을 하기 때문이다. RR이었던 정보는 R로 기호가 감수되어 상대 종자와 교배된다. ww에서 감수되면 w이다. 이 둘을 교배하면 Rw가 된다. 실제 교배 1세대에는 붉은 꽃이 나왔다. Rw로 표현된 기호 내에서 대문자인 R가 우세하게 되어 붉은 잎의 형질이 나타났기 때문이다. 반면 w는 사라지지 않고 붉은 형질인 R에 가려졌을 뿐이다. 이를 '우열의 법칙'이라고 한다. 기호를 2개로 표기하는 방법이 합리적인 것은 다음의 교배 2세대에서 더 명확히 나타

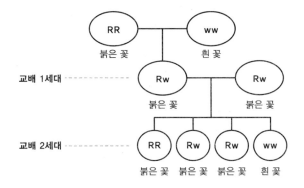

붉은 꽃   흰 꽃

교배 1세대 ------------ Rw   Rw

붉은 꽃   붉은 꽃

교배 2세대 ------------ RR   Rw   Rw   ww

붉은 꽃   붉은 꽃   붉은 꽃   흰 꽃

난다. Rw와 Rw가 교배될 때 나올 수 있는 조합을 모두 고려하면 RR, Rw, Rw, ww 네 가지이다. 즉 Rw는 조합상 두 번 나오게 된다. R가 우세하므로 겉으로 드러난 형질은 2가지만 된다. RR, Rw, Rw 는 붉은 꽃으로, ww는 흰 꽃으로 나온다. 멘델은 겉으로 나타난 형질별로 교배 2세대를 결산해 보았다. 놀랍게도 앞서 R, w의 기 호로 예측된 비율인 3:1과 거의 정확히 일치했다.

멘델의 실험은 유전을 증명한 생물학의 이정표와 같은 업적 이었다. 그의 원리는 꽃의 색뿐 아니라, 완두콩의 모양, 색, 콩깍지 에도 적용할 수 있었다. 그가 사용한 기호는 '유전자'라고 명명되었 으며 이후 현미경과 분자 구조에 의해 그 존재가 다시 한 번 증명 되었다.

멘델의 연구 결과는 다윈의 진화론에 있어서 근간이 되는 든 든한 지지자가 된다. 유전자의 발견은 진화론의 확립에 있어 두 가 지 중요한 원리를 제공했기 때문이다. 하나는 부모의 형질을 자손에게 전달하는 유전자의 존재 그 자체였고, 또 하나는 유전형질[12]과 발현형질[13]의 개념이었다. 기호로 표현된 유전자는 그 기호가 함축하는 대로 형질을 갖는다. 그리고 생식 과정에서 그 정보를 전달하여 자손에게 나타나게 한다. 또한 이를 기점으로 유전형질과 발현형질이 구분된다. 기호가 가진 정보대로 자손에게 나타나는 것을 유전형질이라고 한다. 붉은 꽃 유전자는 이제 곧 생산되는 완두콩의 꽃잎을 붉게 한다. 흰색의 유전자도 마찬가지다. 해당 유전자는 자신의 정보대로 자손에게 나타나게 한다. 이를 발현이라고 하며 유전자 고유의 정보가 환경과 상호작용하여 나타나는 형질을 발현형질이라고 한다. 발현형질은 발생 이후 생존 과정에서 자신이 얻는 변화를 유전자에 담지 않는다. 따라서 자손에게는 발현형질 위에 새로 생겨난 특징이 전달되지 않는다. 라마르크의 오류에서 길어진 목이 전달되지 않은 것은 발현형질에 해당하기 때문이다. 짧은 목은 유전자의 지시에 따라 발현된 형질이다. 이후의 노력에 의해 길어졌다 해도 유전정보에는 영향을 주지 않는다. 생물에 내재된 유전형질이 다음 세대로 전달되어 다시 발현될 뿐이다.

유전자에 의한 유전형질과 발현형질의 구분은 라마르크의 용불용설 이론의 모순을 정확히 설명해 주는 동시에 다윈의 진화론을 새롭게 조명해 주었다. 교배로부터 확장된 유전형질의 다양성으로 자연에 적응할 수 있다는 내용은 용불용설보다 유전자의 특성과 잘 일치했다. 적응된 유전형질은 변함없이 자손에게 전달되며, 생존에 유리한 형질을 계속 보유할 수 있었다.

학자들은 진화론의 주장을 인정할 수밖에 없었지만 그 속에 담긴 의미는 그대로 받아들일 수 없었다. 진화론은 인간이 유인원, 즉 원숭이와 비슷한 종에서 시간을 두고 변형되었음을 뜻했기 때문이다. 이는 신학자들을 중심으로 거센 반발을 불러일으켰다. 하지만 과학적 사례와 논증으로 무장한 진화론을 신념이나 감정으로 상대할 수는 없었다.

———— 논리가 지나치면 넌센스가 된다

멘델의 유전법칙이 진화론을 든든하게 뒷받침하고 있더라도 아직 문제는 남아 있었다. 자연선택을 꼼꼼하게 살펴보면 진화에서 반드시 해결해야 할 모순이 발견된다. 이는 진화 과정을 비유한 다음의 간단한 게임에서 잘 드러난다.

유리병에 파란 구슬 10개와 빨간 구슬 10개가 있다. 유리병에 손을 넣어 구슬 하나를 뽑아 보자. 반반의 확률로 파란 구슬이나 빨간 구슬이 뽑힐 것이다. 구슬을 뽑으면 그것과 같은 색의 구슬을 준비된 새로운 병에 담는다. 이렇게 스무 번을 반복하면 비었던 병에는 구슬이 스무 개 담겨진다. 이때 파란 구슬과 빨간 구슬의 비율은 이전과 같이 10개씩 될 확률이 높지만 실제 그렇지 않은 경우도 있었다.

여러 번 게임을 진행한 결과 병의 구성을 확인해 보니 파란 구슬 13개, 빨간 구슬 7개가 되었다고 하자. 수학적으로는 특별히 불가능한 일도 아니다. 그리고 이 조건에서 게임을 다음 빈 병에 진행한다. 조건이 조금 바뀌었다. 파란색을 뽑을 확률은 13/20 = 65%가 되었다. 반면 빨간색을 뽑을 확률은 7/20 = 35%이다. 파란 구슬을 뽑을 확률이 거의 두 배로 높아졌다. 그렇다면 다음 병에 는 확실히 파란 구슬이 더 많을 확률이 높다. 이 과정을 계속하면 어떻게 될까? 유리병은 파란 구슬로 가득 차게 될 것이다.

진화론도 마찬가지다. 구슬은 핀치새의 부리를 비유한 것이 다. 가늘고 긴 부리의 핀치새와 두꺼운 부리의 핀치새는 동일하게 있었다. 이처럼 같은 종에서 나타나는 상반되는 특질을 대립형질[14] 이라고 한다. 세대를 거듭해 보니 두꺼운 부리의 핀치새가 많게 되 었다. 이제는 구슬 게임이다. 두꺼운 부리의 핀치새가 많아졌으므 로 세대가 반복될수록 두꺼운 부리의 핀치새만 남게 된다. 이렇게 둘 이상의 대립형질에서 어느 특정한 형질만 남는 현상을 '유전자 부동'이라고 한다. 유전자 부동은 현대 학자들이 제시한 이론으로 자연선택과 함께 진화론의 주요 기작으로 인정받고 있다.

유전자 부동은 어떤 요인에 의해 발생하는 것이 아니라 앞선 게임처럼 무작위적 반복에 의해 나타나는 현상을 말한다. 따라서 자연선택과는 별개의 개념으로 다루어진다. 그러나 자연선택에 의 한 대립형질의 감소는 유전자 부동의 간섭을 주는 외적 요인이 될 수 있다. 따라서 환경 변화가 일어나고 당분간 지속될 때 유전자

부동이 발생할 수 있는 여건이 된다.

자연선택이든 유전자 부동이든 이들 과정에서 공통점은 바로 다양성이 감소한다는 점이다. 이는 분명 진화에 치명적이다. 처음에는 두꺼운 부리와 가늘고 긴 부리가 비슷한 비율로 있었다. 이후 환경이 변해 단단한 껍질의 열매만 남았다. 이 요인은 선택을 자극시켜 두꺼운 부리만 남게 할 것이다. 또다시 환경이 바뀌어 가시 돋친 열매가 가득해진다고 생각해 보자. 두꺼운 부리를 가진 핀치새는 가시 때문에 열매를 먹지 못해 굶어 죽게 될 것이다. 이 먹이에 적합한 부리는 가늘고 긴 부리이다. 이들은 어디 갔을까. 두꺼운 부리의 핀치새가 득세할 때 이미 사라졌다. 이제 핀치새는 새로운 환경에 적응할 수 있는 종이 없어 결국 멸종되어 버린다.

진화는 지속적으로 선택을 거쳐야 한다. 이것이 가능하기 위한 기반은 다양성이다. 다양한 대립형질 가운데 당시의 환경에 적합한 종들만 살아남는다. 이 과정은 한 번만 일어나지 않는다. 현대의 생물은 수차례의 자연선택의 위기에서 살아남은 종들이다. 다양성은 매차례 선택에서 기본 요건으로 갖춰져야 한다. 한편 게임을 거치면 다양성은 감소된다. 즉 진화는 다양성이 기본 조건으로 이루어지지만 다양성은 감소된다. 파랗고 빨간 구슬은 결국 파란색이 되었고, 두껍고 가는 부리 가운데서는 결국 두꺼운 부리만 살아남았다. 만약 현대의 생물들이 수많은 진화의 과정에서 살아남은 종이라면 그에 상응하는 수많은 다양성 내에서 살아남았다는 뜻이다. 그렇다면 진화론은 지금보다 엄청나게 다양한 생물에서 출발해야 한다. 이는 진화론에서 주장한 것과 반대이다. 진화론은 초창기의 단순한 원시생물에서 지금의 다양성이 나타났다고 주장했기 때문이다.

진화론이 유지되려면 어느 한편에서 끊임없이 다양성이 제공되어야 한다. 생물이 다양성을 확장하기 위해서는 유전자 부동뿐 아니라 자연선택과도 경쟁해야 한다. 도대체 새로운 형질은 어디에서 오는가?

난관을 빠져나오기 위해 진화론 내에서 제기된 주장은 '돌연변이'였다. 돌연변이는 유전자가 원래 전하는 형질이 아닌 전혀 다른 형질이 출현하는 현상이다. 앞서 유전정보를 전달하는 매개체를 유전자라고 했다. 유전자는 분자 수준에서 유전정보를 전달한다. 이를 DNA라고 하는데 생식 단계에서 부모의 DNA 정보가 자손에게 전달된다. 돌연변이는 이 과정에서 여러 요인에 의해 다른 정보가 전달되는 오류가 발생하여 전혀 다른 형질이나 종이 출현하는 것이다.

짐 배것의 《컨텀스토리》(반니, 2014)에 이런 글이 나온다.

"여러분도 느끼고 있겠지만, 양자도약이라는 개념은 완전히 넌센스입니다."

양자역학에 대한 설명에는 늘 넌센스라는 수식어가 따라온다. 그 내용이 상식과는 상당히 거리가 멀기 때문이다. 물론 여기서 넌센스는 사이비라는 뜻이 아니다. 기존 정서나 통념에서 상당히 벗어나 받아들이기 어려운 내용이라는 의미이다. 양자역학은 원자 세계의 모습을 재현하는 과정에서 온갖 수학 논리를 동원했고 그가 내놓은 물리적 해석은 학자들을 난해하게 했다.

그런데 현대 진화론도 넌센스라는 표현에서 크게 벗어나지 않는 듯하다. 뚜껑을 열고 난 후의 황당함을 비교한다면 양자역학과 비교해도 덜함이 없기 때문이다. 진화론이 발표될 당시 사람들에게 충격을 준 것은 원숭이와 인류가 같은 조상으로부터 왔다는 내용이었다. 이 계보는 훗날 원시세포까지 거슬러 오르게 된다. 이제는 인류를 포함한 생물의 기원이 돌연변이라고 한다. 진화론이 제시하는 보고에 따라 인류의 기원은 유인원, 원시세포, 돌연변이로 정해졌다. 무엇보다 이는 유전자 전달의 오류에서 비롯된다는 것이다. 이는 전자의 궤도가 확률뿐이라는 양자역학과 마찬가지로 생물 세계의 불확실성을 뜻한다.

진화의 주요 기작이 오류라고 하는 진단은 진화론 내에서도 모순 관계가 된다. 다윈의 진화 이론에 탄력을 준 것은 유전정보의 정확한 전달을 담당하는 유전자의 발견이었다. 그러나 돌연변이 이론은 그 정확한 전달에 오류가 있어야 한다고 한다. 그것이 부수적인 과정이 아니라 진화의 핵심 요소라고 한다. 이처럼 두 가지 핵심 개념이 상충하는 것에 대해 현시대 대표적인 진화학자 리처드 도킨스는 다음과 같이 말한다.

어떤 오류가 생기는 것은 진화 진행을 위해 필수적이었다. 진화를 가능하게 하는 것은 이 같은 잘못에서 비롯된다. 어쨌든 오류가 생겼음에 틀림없고, 누적되어 왔다는 것도 틀림없다.

진리가 부재한 상황에서 다른 가치보다 과학의 권위를 우선할 수 있다. 과학은 과학적 방법을 따르며, 과학적 방법은 개인 신념을 넘어 인류가 존중하는 보편적 지성이기 때문이다. 그러나 도킨스의 생각은 이와는 엄연히 구분된다. 그는 과학적 방법이 아니라 도출된 결론인 진화론에 대해 무한한 신뢰와 가치를 주고 있다. 인용한 표현의 전후를 살펴보았을 때도, 그는 오류를 진화라는 목적을 위한 필수 요소로 여기고 있다. 즉 진리의 자리에 진화론을 앉혀 놓고 주변 관계를 정리하는 것이다. 이견 없는 진화주의이다.

물론 돌연변이나 오류라고 표현한 부분은 단순한 설명에서 그치지 않는다. 진화학자들은 이에 대한 대응으로 세세한 과학적 논증이 준비되어 있다. 그렇다 하더라도 어떤 특정 결과를 정도 이상으로 여기는 행동은 개인의 영역이다. 과학 내 어떤 이론도 과학을 넘지 못하기 때문이다. 진화론이 큰 영향력을 갖고 정설로 인정되고 있다 하더라도 믿음을 내줄 수 없는 잠정적 결론일 뿐이다. 과학적 방법을 통해 진리를 찾겠다는 진정성 외에 과학 내 어떤 이론도 그 이상의 가치 부여는 금물이다. 그러나 도킨스는 진화론을 최우선 가치로 두고 있다. 이는 개인의 확신에 지나지 않는다. 종교를 맹신이라고 비꼬는 그 역시 진화론에게는 과도한 믿음을 내주고 있는 것이다.

진화론은 논란과 반론을 거쳐 정설로 자리 잡은 특이한 이력을 갖고 있다. 그 덕분인지 논리적으로 치밀하다. 촘촘한 그물망은 사각지대가 없어 보인다. 그러나 논리가 과밀하게 채워지면 자각을 멈추게 한다. 넌센스의 함정에 빠지기 마련이다. 진화론의 넌센스한 내용은 논리에 논리를 거듭하는 과정에서 도출된 미완의 결론은 아닐까.

_____ 이기적 유전자의 탄생

땅다람쥐의 생태는 개미와 많이 닮았다. 무리를 지어 땅굴을 파고 그 속에 먹이를 저장한다. 먹이를 얻기 위해서는 이들도 땅 밖으로 나올 수밖에 없는데, 이때 매와 같은 육식동물의 사냥감이 된다. 천적에 대비하는 땅다람쥐의 대응책은 팀워크이다. 천적의 낌새를 눈치챈 땅다람쥐 한 마리가 경계음을 낸다. 이 소리를 들은 동료들은 땅속으로 재빨리 피신한다. 그러나 경계음을 낸 땅다람쥐는 천적의 먹잇감이 된다. 경계음을 내느라 자신을 위험에 노출시킨 것이다.

이러한 땅다람쥐의 이타적 행동은 인간 사회에서도 좀처럼 볼 수 없는 행동이다. 그러나 이타성은 다른 생물 집단에서 쉽게 관찰된다. 더욱 신기한 것은 전혀 다른 종 간의 협력 관계이다. 이는 공생이란 단어로 이미 잘 알려져 있다. 진화론에서는 이를 '공진화'라고 하는데, 서로 독립적으로 살아오던 종이 어느 순간부터 서로를 위한 습성으로 진화해 간다는 설명이다. 그러나 공진화에 대한 설명에 학자들은 의문을 제기한다. 이타적 행동은 진화의 논리 내에서 마찰을 일으키기 때문이다.

"생존경쟁 및 적자생존이란 말은 단순히 개체가 개체를 잡아먹는다는 뜻이 아니다. 많은 경우, 생존은 경쟁보다는 협동에 근거하고 있다. 경쟁 및 정교한 상리공생적 관계가 어떻게 시작되고 유전적으로 고정되는가 하는 것은 진화 이론에 있어서 어려운 문제이다. 왜냐하면 생물 개체가 상호작용할 때 처음에는 협동보다 그 자신의 이익을 위해 행동하는 것이 거의 언제나 이익이 되기 때문이다."

생존에 유리한 형질이 자연선택을 받는다는 진화론은 공생 등의 협력 관계에서도 적용된다. 겉으로 나타난 형질뿐 아니라 생태 습성 또한 생존 가능성을 높이기 때문이다. 당장의 이익은 경쟁에서 시작함에도 불구하고 어떻게 협동의 습성이 정착되어 올 수 있었을까? 우연한 협력이 이익을 가져다주었고, 이후 같은 행동을 유지하게 된 것일까? 이런 자각은 발현형질에 해당한다. 앞 장에서 살펴보았듯이 발현형질은 고착되지 않는다. 더욱이 공생 관계는 단지 한 부분만 협력하지 않는다. 진화의 다음 단계, 또 다음 단계에서 유기적으로 구성되어야 한다. 생물에 있어 생태 전반에 걸친 협력이, 더욱이 발현형질에 해당하는 특질이 어떻게 체계적으로 고착될 수 있을까?

같은 종의 집단 내 이타적 행동도 마찬가지다. 앞서 땅다람쥐는 자신을 희생했다. 유전형질에 의한 개체의 이타적 습성이 그러한 행동을 하게 했다면, 이윽고 그러한 형질은 집단 내에서 사라지고 말 것이다. 이타적 행동을 하는 개체가 사라진 집단은 위기를 맞게 될 것이다. 위기는 곧 생존을 위협한다. 그러나 이 집단은 계속해서 생존을 해왔으며, 진화론에 따르면 계속해서 줄어드는 이타적 습성의 개체가 지속적으로 출현해야만 한다. 진화론에서 이러한 설명은 돌연변이만 가능하다. 그런데 과연 동일한 집단 내에 이타적 돌연변이가 지속적으로 나올 수 있을까?

생물에 있어 이타적 행동은 진화론과 상충한다. 학자들은 이를 근거로 진화론에 의문을 제기해 왔으며, 진화론은 명쾌한 해설 없이 난처함을 보여 왔다. 이때, 진화론자들이 반색할 말한 구원투수가 등장한다. 《이기적 유전자》(을유문화사, 2010)의 저자 리처드 도킨스이다.

'이기적 유전자'는 생물의 이타적 행동을 설명하는 반어적 표현이다. 인공선택이든 자연선택이든 진화가 가능한 것은 부모의 형질이 자손에게 전해지는 유전 때문이다. 유전은 유전정보를 가진 매개체에 의해 전달되며 이 역할을 수행하는 것은 유전자이다.

도킨스는 모든 생물에게 공통적으로 유전의 과정이 있다는 사실에 주목했다. 그는 유전을 복제로 단순화한다. 그러자 복제가 모든 생물에 적용될 수 있었다. 복제는 주체가 있는 법이다. 그는 복제의 주체를 찾다가 한 곳에 시선을 멈춘다. 유전자였다. 그는 유전의 주체가 생물의 본능이나 생리가 아닌 유전자라고 생각했다. 유전자는 복제의 대상일 뿐 아니라 복제의 주체로서 스스로를 전달하는 것이다. 그는 일련의 생각을 하나로 정리한다. 유전자 복제는 생물의 핵심 활동이며, 더 나아가 생물의 목적이다. 더 이상 생물의 주체는 생물의 본능이나 자각이 아니라 유전자이다. 유전자가 생물의 주인이며, 자신의 복제를 위해 생물을 조종하는 것이다.

> 우리(생물)는 생존 기계이다. 즉 우리는 로봇 운반자들이다. 유전자로 알려진 이기적인 분자들을 보존하기 위해 맹목적으로 프로그램이 만들어졌다.⋯유전자 입자성의 또 하나의 측면은 그것이 노쇠하지 않는다는 데 있다. 유전자가 100만 년을 살았다고 해서 100년쯤 산 유전자보다 쉽게 죽는 것은 아니다. 유전자는 자기의 목적에 따라 자기의 방법으로 몸을 조절하며, 몸이 노쇠하거나 죽음에 이르기 전에 죽을 운명에 있는 그들의 몸을 차례로 포기해 버림으로써 세대를 거치면서 몸에서 몸으로 옮겨 간다.

그동안 생물의 행동을 결정하는 것은 본능이나 의지로 표현되는 개념적 단어였다. 더욱이 인간의 행동은 마음, 이성 등 자아가 결정한다고 생각되어 왔다. 유전자는 자손에게 유전정보를 전달하는 생식세포에 불과했다. 도킨스는 이러한 패러다임을 바꾸어 간결하게 정리했다. 신체, 더 나아가 생명의 주인은 생물 자신이 아니다. 유전자이다. 유전자는 신체 내부 가장 안전한 곳에 위치하여 생물을 조종한다. 복제(생식)를 통해 다른 신체로 이동한다. 신체는 약간의 변화(진화)를 겪을 수 있다. 이는 유전자 스스로를 보호하기 위한 타협이다. 이러한 방식으로 유전자는 거의 영원에 가깝게 존재를 유지한다.

생물의 주인이 뒤바뀌면 이타적 행동은 충분히 설명이 가능하다. 개체 스스로의 안전을 위해서는 이타적 행동은 불리하다. 그러나 나와 같은 유전자가 보다 많이 살아남아서 복제 기회가 많아진다면 개체는 충분히 희생할 수 있다. 도킨스는 생물의 이타적 행동이 유전자의 이기적 속성 때문이라는 대비적 단어로 자신의 이론을 절묘하게 표현했다. 생물의 이타성은 유전자의 이기적 목적의 결과인 셈이다. 진화론은 도킨스의 주장을 받아들여 궁극의 논리성을 확보한다. 아직 가설의 단계였지만 이기적 유전자는 난제였던 생물의 이타성을 단순하고 명쾌하게 설명하며 진화론을 뒷받침했다. 이에 진화론과 생물학을 통일하며 절대군주적 위상을 보인다. 생물의 기원은 진화이며, 진화의 기원은 이기적 유전자이다. 새로운 진리의 탄생이었다.

이기적 유전자는 생물 발달을 성공적으로 설명했다. 도킨스는 눈을 돌린다. 발달은 생물에만 있는 것이 아니었다. 지구에는 또 하나의 발달이 병행되고 있었다. 인류 문화의 발달이었다. 사회, 도덕, 종교, 사상 등 고도의 지적 수준을 자랑하는 인류 문화는 역사를 거쳐 점차 고도화되었다. 도킨스는 이러한 문화 발달을 또 하나의 진화로 보았고, 비유를 통해 이기적 유전자의 논리를 인류 문화에 적용한다. 이기적 유전자 논리의 핵심인 복제자였다. 다음은 도킨스가 유전자에서 밈을 도출한 과정을 알리스터 맥그래스가 정리한 내용이다.

> 생물학적 진화는 복제자가 필요하며, 실제로도 존재하는 유전자가 그 복제자이다. 그렇다면, 유비 논증에 의해, 문화적 진화 역시 복제자가 필요하며, 밈의 존재를 가정할 수 있다.

생물에서 유전자가 복제자 역할을 하여 진화가 가능했다면, 인류 문화도 유전자와 같은 역할을 하는 복제자가 있어 발전을 가능하게 했다는 것이다.

'유비논증'이란 두 대상이 여러 측면에서 비슷한 측면을 갖고 있다는 점을 근거로 한쪽의 대상을 추론하는 논리 방법이다. 한 번도 배를 타보지 않은 것은 물론 배의 기본적인 원리조차 모르는 사람이 있다. 반면 자동차 운전에는 정통하다. 이 사람이 드디어 배를 타게 된다고 하자. 그는 자신이 탄 배가 넓은 바다에서 항해하는 모습을 보며 신기해하다가 문득 이런 생각을 하게 될 것이다. 이 배는 자동차와 비슷하다. 출발지에서 목적지까지 먼 거리를 이동한다. 주된 목적은 사람이나 화물을 실어 나르는 것이다. 그는 여러 면에서 자동차와 배의 공통점을 찾다가 하나의 추론을 한다. 자동차에 운전 방향을 결정하는 핸들이 있듯이 배에도 이와 비슷한 구조가 있을 것이다. 그는 마침 지나가는 선장에게 자동차의 핸들과 비슷한 장치가 이 배에도 있는지 물어본다. 선장은 흔쾌히 선장실로 데려가 조타기를 보여 준다. 조타기는 배의 운행 방향을 결정하는 장치로 배의 핸들인 셈이다. 이것이 유비논증이다. 두 대상(자동차와 배)이 비슷한 측면이 많으므로 한쪽(자동차)의 특징(핸들)이 반대편(배)에도 있음을 예측한 것이다.

도킨스는 두 대상, 진화와 인류 문화는 발달이라는 관점에서 여러모로 비슷하다고 생각했다. 진화의 핵심 키워드는 유전자였다. 따라서 진화와 비슷한 인류 문화에도 유전자와 비슷한 무언가가 있을 것이라 예상했다. 이는 도킨스가 추론한 논증이었고, 그 결과로부터 나왔기 때문에 이름이 없었다. 행성을 처음 발견한 자가 이름을 짓는 권리를 가지듯이, 도킨스는 이 존재를 명명할 권리가 있었다. 그는 이를 '밈'이라고 명명했다.

배에도 핸들이 있을 것이라는 유비논증 추론은 조타기와 같이 실체가 있어야 인정을 받게 된다. 밈은 도킨스가 유비 논증에서 추론한 가설이었다. 실제 밈의 사례가 자연에서 발견되어야 했다. 도킨스는 생태계에서 보고된 다음의 예시를 들어 보인다.

젠킨스는 뉴질랜드 앞바다 섬에 사는 새의 노래 소리를 관찰하였다. 인접한 영역을 가진 8마리의 수컷으로 이루어진 한 그룹은 'CC song'으로 불리는 특정한 노래를 했다. 이렇게 개개의 젊은 수컷은 근처에 사는 다른 개체의 노래를 모방이라는 수단에 의해 자기 것으로 삼았다. 이는 인간의 모방과 같았다. 젠킨스는 운 좋게도 젊은 수컷이 옛 노래 법을 모방하다가 새로운 노래를 '발명'하는 장면을 몇 번 목격하게 된다. 그는 다음과 같이 들려준다.

"새로운 노래는 음 고저의 변화, 같은 음성의 추가, 음성의 탈락 또는 다른 노래법의 부분적 편입 등 여러 가지 방법으로 탄생한다."

숲의 한쪽에서 들리는 새의 특정한 소리가 다른 새에게 복제된 사례이다. 소리는 짝짓기 등 새의 생존에 도움이 되었을 것이다. 새가 모방하는 과정에서 단순한 지저귐이 선호되는 음으로 받아들여진다.

소리의 자연선택은 점차 확대되어 인간에게도 옮겨 온다. 인류의 조상 역시 선호하는 소리를 모방한다. 모방에 유리하기 위해 뇌의 크기는 커진다. 발달된 뇌는 각각의 밈에 의미를 부여하며 언어의 모습으로 바뀐다. 모방은 자신의 임무에 충실한다. 복제를 위해 행동을 자극한다.

언어와 뇌는 상호 발달하며 생각을 키운다. 음이 언어가 되고, 생각이 되는 것이다. 생각은 몸집을 키운다. 생각이 축적되어 문화가 되고, 역사가 된다. 인류 문화의 역사는 원시적인 동물의 소리로부터 진화를 거듭해 인류의 정신이 된 것이다. 이 가운데 핵심 역할을 한 것은 역시 복제였다. 복제에는 주체가 있을 것이며 그것은 복제자 밈이다. 밈은 유전자처럼 자신의 복제를 위해 뇌에서 뇌로 옮겨 다니며 사람들을 지배했다. 사람들은 밈의 전달을 위해 명령받고 행동했다. 이 과정에서 밈은 꾸준히 모습을 바꾸어 간다. 모방, 추가, 변화. 이 과정에서 밈은 도덕으로, 사상으로 또는 종교로 이름이 바뀌어 간다. 하지만 그들의 본질은 모두 밈이다. 인류 문화는 밈에 의한, 밈을 위한, 밈의 역사일 뿐이다.

인류 문화를 밈의 복제로 환원시키는 작업은 인류 문화의 기원이 야생 동물의 소리 흉내에 불과하다는 것을 의미한다. 밈이 이룩한 생각이나 문화는 수단에 불과하다. 역사의 목적은 밈의 전달이다. 대상이 가치이기 때문에 모방하는 것이 아니라 모방에 유리하기에 가치로 평가받는다. 밈은 굳이 대상에 손을 대지 않는다. 자신의 정체성이 나서서 손대지 않고 대상을 분해해 주는 셈이다.

밈은 인류 문화의 복잡한 현상들을 간단하게 설명하여 사회학을 통일시킨다. 인류 문화의 기원 역시 진화이며, 진화의 기원은 밈이었다. 인류 문화는 밈에 의해 해체되어 밈으로 재구성되었다. 도킨스의 복제 논리는 생물이나 인류 문화 등 어디서나 절대 진리로 군림했다.

밈은 인류 문화의 복잡성을 통일하는 진리인 것처럼 보인다. 그러나 밈이 뜻하는 실제는 인류 문화의 무의미이다. 고상함과 목적성을 추구하던 인류 문화가 기원을 거슬러 올라가면 새의 지저귐에 불과하다는 것이다.

도덕이나 이념은 물론 종교도 밈의 해체 대상에서 벗어날 수 없다. 특히 종교는 그 속에 신을 포함하고 있다. 기독교가 밈에 의해 해석되면 신의 존재 역시 과대 해석된 허상에 불과하다.

이후 도킨스는 생물학자와 진화학자의 영역을 넘어 무신론자로서 활발히 활동한다. 2008년 12월말, 도킨스와 그를 지지하는 단체는 다음과 같은 광고를 버스에 부착했고, 도킨스는 그 앞에서 기념 사진을 찍었다.

There's probably no God, Now stop worrying and enjoy your life.
아마도 신은 없을 것이다. 그러니 걱정 말고 인생을 즐겨라.

_____ 간결함이 곧 진리는 아니다

도킨스의 밈 가설은 반론의 여지가 없어 보이지만, 사실 논리적 허점이 있다. 알리스터 맥그래스가 밈을 반증한 내용이 있어 소개한다. 라마르크의 용불용설이 잘못된 이유는 발현된 이후의 변화가 유전된다고 주장했기 때문이었다. 종의 특성은 부모로부터 물려받은 유전정보가 발현되어 나타난다. 이 정보를 유전형질이라고 했다. 한편, 발현 이후에 덧입혀진 정보는 유전되지 않는다. 이를 발현형질이라고 했다. 발현형질은 유전형질로부터 기인하여 표현된 결과지만, 이후의 변화는 유전되지 않는다.

그런데 라마르크의 오류가 밈에서도 나타난다. 앞서 밈의 사례로 CC song을 복제하는 새를 소개했다. CC song은 유전형질일까, 발현형질일까? CC song은 소리가 되어 세상으로 나온, 드러나 표현된 형질이다. 이는 발현형질에 해당한다. 더욱이 그 이후의 묘사는 CC song이 발현형질임을 더 명확히 드러낸다. 다른 새의 지저귐 역시 발현형질이다. 그 위에 CC song이 덧입혀졌다. 발현형질 위에 발현형질이 입혀진 것이다. 이는 당시 세대 안에서는 가능할 수 있으나 다음 세대에 유전되어 전달되지 않는다. 발현형질 위의 발현형질은 유전형질에 아무런 영향을 주지 못하기 때문이다.

도킨스는 유비논증을 이용하여 유전자에서 밈을 도출했다. 그렇다면 유전자와 밈은 같은 특징을 가져야 한다. 유전자는 그의 주요한 특징으로서 유전형질과 발현형질이 있다. 따라서 밈도 유전형질과 발현형질에 해당하는 속성을 지녀야 한다. 밈에서 복제는 유전형질에서 일어나야 한다. 그러나 앞서 CC song의 사례는 발현형질이 복제된 것이다. 도킨스가 제시한 다른 사례를 찾아보더라도 복제의 대상은 발현형질이다.

그렇다면 밈의 유전형질은 어디에 있을까? 아직까지 발견되지 않았다. 유전자는 현미경으로 볼 수 있는 염색체, 화학적 구조로 관찰되는 DNA 등 실체가 있다. 그러나 밈은 실체가 발견된 적이 전혀 없다. 가설로 추정되는 주장일 뿐이다.

밈은 유비논증에 의해 완성되지도 않고, 실체가 발견되지도 않았다. 없다고 봐도 과학을 거스르는 행위가 아니다. 오히려 합리적 논리의 결과이다.

자연계나 인류 사회에서 발견되는 모방의 사례는 있다. 그러나 그것을 목적으로 보는 제안은 섣부르다. 간결함의 매력은 자칫 독이 되기도 한다. 종종 수단이 목적의 본질을 빼앗고 그 자리에 앉는 경우가 있다. 이기적 유전자나 밈은 복제가 목적이라고 한다. 생물학과 사회학은 정연하게 정리된다. 그러나 목적이 간파된 행동은 의심을 산다. 의도로 분해되며 일일이 값이 매겨진다. 목적은 달성이라는 요소를 파생하며 전과 후를 나누기 때문이다. 동시에 현재는 사라진다. 목적에 사로잡힌 행동은 지금을 빼앗는다. 지금을 빼앗긴 자아는 시간의 노예가 된다. 시간에 쫓기며 불안이 시작된다.

간결함은 학문의 난제를 해결할지 몰라도 세상에 혼돈을 가져다줄 수 있다. 간결함은 진리의 속성과는 무관하다.

과학에는 오컴의 면도날이라는 논리가 있다. 여러 가설이 난립할 때 가장 단순한 이론이 정설이라는 뜻이다. 하지만 실제 과학사에서는 오컴의 면도날에 어긋나는 역사가 종종 있었다. 앞선 장에서 천동설과 지동설에 대해 다루었다. 천동설은 교회가 억지로 주장한 반과학적 논리가 아니었다. 두 학설 모두 학계에서 의미 있게 논의되었지만 학자들의 지지를 받은 쪽이 천동설일 뿐이었다. 그 이유는 천동설이 지동설보다 더 쉽게 설명되었기 때문이다. 하나의 예로 천동설의 주전원은 27개였지만 지동설의 주전원은 46개였다. 주전원은 행성의 운행을 설명하기 위해 추가적으로 도입하는 궤도이다. 당연 주전원의 수가 많으면 운행을 묘사하는 설명이 복잡해진다. 따라서 학자들은 태양계의 움직임을 표현하는 두 학설 중 더 간단한 천동설을 지지하게 된 것이다. 오컴의 면도날이었다. 그러나 훗날 밝혀진 진실은 지동설이었다.

설명이 간결할수록 다수의 지지를 받는다. 오컴의 면도날을 오해하면 간결함이 진리가 된다. 그러나 진리는 인기투표가 아니다. 많은 사람이 쉽게 이해한다고 진리가 될 수는 없다. 법정에 군중을 몰고 오면 정의는 끝장난다. 진리도 마찬가지다. 오컴의 면도날은 반증의 가능성을 내재한 과학적 방법론 중 하나에 불과하다.

_____ 진화론, 과학을 넘어 패러다임이 되다

세상에서 가장 많은 사람을 죽인 과학자는 누구인가?

다소 섬뜩하지만 어느 SF 작품에서 진지하게 고민한 질문이다. 질문을 접한 사람들은 다이너마이트를 만든 노벨이나 원자폭탄을 미국 정부에 제안한 아인슈타인을 떠올린다. 그러나 질문의 답은 따로 있다.

19세기 중반 유럽은 변혁의 시기였다. 계몽주의와 산업혁명은 유럽 사회에 지식과 경제의 발달을 가져왔고, 두 축이 맞물리면서 사회는 급속한 변화를 준비하고 있었다. 학자들은 실용적인 지식을 추구했고, 경제 수단을 가진 상공인들은 부를 축적해 갔다. 그러나 이들의 기반은 아직 미약했다. 보다 견고한 기반 위에 서기 위해 이들에게 필요한 것은 사회의 변화를 긍정해 줄 지지자였다.

마침 영국에서 진화론이 발표된다. 진화론은 고요해 보이는 자연의 실체가 경쟁과 적응을 토대로 큰 변화를 거쳐 온 결과물이라고 증언했다. 이에 심취한 학자들은 사회에서도 같은 논리를 적용했다. 환경에 적응한 자가 살아남고 약자는 도태된다는 적자생존의 논리는 당시 급속한 사회 변화를 자연의 순리인 것처럼 설명했다. 이들의 주장은 다윈의 이름을 따서 사회 다윈주의라고 불렸다. 사회 다윈주의를 지지하는 사람들은 사회적 약자를 돕는 것이 적자생존의 순리에 위배되는 행동이라며 복지 정책을 반대했다. 경제 체제 변환기에 이러저러한 제약을 받던 경상계 중산층은 사회 다윈주의를 적극 환영했다.

사회적 약자에 배타적 태도를 보이던 사회 다윈주의는 더욱 변질된다. 열등한 유전자를 가진 사람은 태어나기 전부터 배제할 필요가 있었다. 우수하고 건전한 소질을 지닌 인구만 증가되어야 한다. 사회적 약자로 예상되는 사람은 탄생 자체를 가로막아야 한다. 이를 우생학[15]이라고 한다. 우생학은 사회 다윈주의보다 적극적인 자세로 열등한 유전자를 선택적으로 제거하려 했다.

1927년 미국 버지니아주. 한 여성이 불임 시술을 강제받는다. 사정은 이렇다. 케리 벅이란 이름을 가진 이 여성은 어머니가 정신박약이라는 이유로 양부모에게 입양된다. 그러나 17세의 나이에 사생아를 낳자 양부모에 의해 정신질환 수용소에 갇힌다. 정신이 온전하지 못해 문제를 일으켰다는 이유였다. 수용소에서 나갈 수 있는 조건은 불임시술을 받는 것뿐이었다. 친모는 반대했고 이는 소송으로 이어졌다. 재판은 연방법원까지 갔으나 모녀는 패소하고 만다. 판결문은 다음과 같았다.

> 대에 걸쳐 정신이 그토록 박약하다면 충분하다. 부적격 자손이 죄를 지어 형 집행을 기다리거나 지적 능력이 너무 떨어져 굶는 것을 보느니, 차라리 누가 봐도 부적격자라면 그런 사람이 대를 이어 태어나는 일을 사회가 막을 수 있다면, 그게 사회 전체를 위해서 낫다.

말할 것도 없이 우생학에 기인한 판단이었다. 불행하게도 그녀를 시작으로 불임시술을 받게 된 여성은 버지니아 주에서만 8,300여 명으로 집계되었다. 그런데 비슷한 시기에 독일에서 위의 판결문과 거의 동일한 내용을 담은 책이 출판된다.

> 결함이 있는 사람에게 동일한 결함이 있는 자손을 갖지 못하게 하는 요구에는 명백한 이유가 있다. (우생학이) 체계적으로 실행된다면 이 일이야말로 인류가 할 수 있는 가장 인간적인 일이다.

이 책의 저자는 아돌프 히틀러였고, 책의 이름은 《나의 투쟁》이었다. 이 책의 내용은 나치 사상에 그대로 녹아들어 갔다. 나

치는 인종 개량이라는 명목으로 많은 사람을 학살했고, 히틀러의
투쟁을 보다 앞당기기 위해 전쟁을 일으켰다. 2차 세계대전이었다.
당시 인류 비극의 시작점에는 우생학이 있었음에 이견은 없다.

진화론에서 사회 다윈주의가 나왔고, 사회 다윈주의가 우생
학으로 이어졌다. 세상에서 가장 많은 사람을 죽인 과학자. 질문의
답은 찰스 다윈이다.

19세기에 들어 세상에 존재하는 복잡함에 대해 이들을 보다
기본적인 원리로 설명할 수 있다는 철학 사조가 주목을 받게 된
다. 이를 환원주의[16]라고 한다. 과학이 발달하면서 환원주의는 세
상에 존재하는 대상들을 과학적 원리로 풀어낼 수 있다고 생각했
다. 복잡한 단계의 개념을 기본적인 과학 법칙으로 충분히 설명할
수 있다는 자신감이었다. 기계가 부품과 작동 원리로 묘사될 수
있듯이 생물도 마찬가지였다. 생물은 복잡해 보이지만 과학에 의
해 파헤쳐진 원리들로 분해 가능했다. 심지어 인간의 사랑, 희생 등
의 가치는 두뇌 기능의 일부이며, 뇌세포가 일으키는 화학 작용의
결과였다. 이에 힘을 실어 준 것은 진화론이었다. 생물은 본래 원시
세포이며 시간의 축을 따라서 기능만 추가되었을 뿐이다. 당시 세
포 내에는 단순한 작용들이 일어나고 있었고, 인간을 포함한 현재
의 고등 생물은 이에 비해 조금 더 복잡해졌을 뿐이었다. 후세에
등장한 이기적 유전자는 환원주의적 관점을 강화시켰다. 생물은
유전자를 보존하고 전달하기 위한 기계였다. 생물의 모든 활동은

유전자의 목적으로 환원되어 설명될 수 있었다.

환원주의는 정신이나 관념을 물질의 이치로 설명할 수 있다고 주장하는 내용이었다. 따라서 물질은 이들보다 앞선다는 가치관의 재정립이 일어났다. 이로부터 등장한 사조가 '유물론'이다.

유물론은 물질에 가장 큰 가치를 부여했다. 이에 심취했던 학자 마르크스는 역사를 유물론의 관점으로 해석했다. 그 결과 물질과 사람 간의 관계는 명확해졌다. 시대에 따른 삶의 모습은 생산과 생산수단에 의해 바뀌어 갔다. 즉 물질 환경이 당시 사람들의 생각을 움직였다. 세상의 완성은 생산과 생산 수단의 적절한 조화였다. 그런데 귀족 사회와 자본주의는 그 조화와 거리가 멀었다. 생산수단을 소유한 자와 실제 일하는 노동자와의 분리는 소득의 불평등뿐 아니라 사람들의 능력을 허비하게 하는 악이었다. 그의 생각에 동조한 학자들과 정치가들이 이상적인 사회를 꿈꾸며 사회 체제를 변혁해 갔다. 공동생산, 공동분배. 공산주의의 서막이었다. 그러나 불행하게도 공산주의는 그들의 이상을 떠나 혁명과 체제 유지 과정에서 많은 사람을 죽음으로 이끌었다.

유물론은 사회변혁을 주도했지만 인간 본질의 철학적 질문에는 의미를 부여하지 못했다. 동시에 20세기의 급격한 사회 변화와 연이어 벌어진 대규모 전쟁은 인간에게 스스로의 존재를 생각해 보도록 자극했다. 이들의 질문을 출발점으로 삼아 '실존주의'가 등장한다.

실존주의는 신의 부재를 전제로 삼았다. 운행도 섭리도 환상이었다. 진화론은 생물이 변이와 확률의 우연을 거쳐 진화한다고 증언했다. 인간도 마찬가지였다. 눈을 떠보니 그저 지구라는 행성에 내던져진 존재에 불과했다. 출생의 의미와 목적은 물론 사후 세계의 존재 여부도 의심스러웠다. 인간의 본질이란 물질이었다. 이렇게 보았을 때 인간의 삶은 무의미할 뿐이었다. 유물론이 사회와 경제에 영향을 미쳤다면, 실존주의는 문학과 철학을 지배했다. 실존주의는 유물론의 거친 혁명이 필요 없었다. 철학가나 문학가의 글 한 편이면 충분했다.

그리스 신화에 시시포스라는 인물이 나온다. 똑똑하고 재치가 있어 여러 차례 신들을 기만했다. 시시포스를 괘씸하게 생각한 신들은 그를 잡아 형벌을 가한다. 큰 돌을 산 위로 밀어 올리는 것이었다. 돌은 그가 겨우 밀어 올릴 만한 무게였다. 하루가 끝나 갈 때 겨우 산 정상에 오른다. 그러나 산 정상은 뾰족했다. 정상에 올려놓자마자 다시 처음 자리로 굴러떨어진다. 시시포스는 이 일을 매일 반복해야 했다.

대표적 실존주의자 카뮈는 시시포스가 받은 형벌이 지금 인간에게 주어진 삶과 비슷하다고 말했다. 인간은 매일매일 의미 없는 일을 반복하며 인생의 끝을 향해 가고 있다. 실존주의를 접할수록 사람에게는 극한 허무감만 남을 수밖에 없다. 많은 사람이 실존 끝에 위치한 허무를 접하고 세상을 비관했다.

이 가운데서 결국 인간이 찾아낸 근거는 인간, 자신이었다.

그리스 신화에 나오는 코린토스의 왕 시시포스(Sisyphus).
신들을 속인 죄로 끝없이 무거운 바위를 산 위로 밀어 올려야 하는 형벌을 받았다.

지구상에 아무런 가치와 의미를 찾을 수 없다면 인간이 그 가치를 세우면 되었다. 인간 그 자체가 최고의 가치이며 의미이다. 인간이 중심이 되어야 한다. 이것이 휴머니즘으로 알려진 '인본주의'이다. 한 신문 기사에서 극도의 허무감을 보여 주는 시시포스 신화를 다음과 같이 재해석했다.

> 우리 모두는 시시포스와 똑같은 형벌을 신으로부터 받고서 살아가고 있는 삶인지도 모른다. 삶이라는 무거운 바위를 산꼭대기로 매일 밀어 올리면서 말이다. 같은 값이면 이러한 형벌을 무익하고 희망이 없는 노동이라고 괴로워만 하지 말고 운명으로 받아들이고 그들 속에서 얻어지는 각자의 조그만 기쁨을 향유하면서 살아가면 좋을 것 같다. 아울러 인간들이 살아가면서 겪는 고통을 최소화시킬 수 있는 방법을 찾아내려고 노력하면 더욱 값진 삶이 될 것이라고 믿는다.

인본주의는 절망 속에서 인간이 찾아낸 의미이자 희망이라고 할 수 있다. 하지만 인본주의는 위험성을 내포하고 있다. 우선 신을 부정했기에 사후의 삶을 포기하게 한다. 그러나 이는 신앙인의 기준이다. 믿지 않는 사람에게는 어차피 신은 없으므로 사후 삶이 바뀔 것도 없다. 이보다 현실적인 이유는 두 기독교 작품을 통해 알 수 있다.

세상에서 가장 잔혹하고 고통스러운 일은 사랑하는 사람의 끔찍한 죽음이다. 특히 사랑하는 자녀가 살해당하는 일이다. 영화

〈밀양〉과 미우라 아야코의 소설 《빙점》은 이 공통된 소재에서 출발한다. 〈밀양〉에서 신애는 남편을 잃고 지방에 내려와 살던 중 아들이 유괴, 살해당한다. 괴로운 날들을 보내고 있는 중에 기독교에 귀의한다. 신앙생활을 통해 안정을 찾아가던 신애는 어느 날 아들을 죽인 유괴범을 찾아간다. 성경이 가르친 대로 용서하기 위해서였다. 마음의 준비를 하고 면회실에서 범인을 만난다. 그런데 면회실에서 만난 유괴범의 얼굴은 너무나 평화롭다. 범인은 말한다. 나는 여기서 하나님을 영접했고 내 죄는 용서받았다고. 이를 본 신애는 분노한다. 아들이 죽을 때는 가만 있던 하나님이 이 사람을 용서하고 이처럼 평안을 주다니. 신애의 분노는 교회로 향한다. 교회와 신도들을 향해 저주와 공격을 퍼붓는다. 그 과정에서 신애는 온전한 정신에서 점점 멀어지게 된다.

《빙점》 역시 사랑하는 딸을 유괴로 잃은 나츠에라는 여인이 등장한다. 그녀 역시 유괴범을 용서하지 못한다. 아름답고 친절했던 그녀는 분노로 인해 악녀로 변해 간다. 그러던 어느 날, 나츠에는 죄의 허무함을 뼈저리게 깨닫는다. 20여 년에 걸친 분노가 엉뚱한 곳을 향해 있었음을 알게 되었기 때문이다. 그러자 죄로 인한 분노가 수그러들게 된다. 시간이 흘러 살해범의 딸이 나타난다. 그녀가 진심으로 부친의 용서를 빌자, 나츠에는 그녀를 안아 일으키며 용서한다.

세상에는 인간이 감당할 수 없는 죄, 인간이 감당할 수 없는 용서가 있다. 인간이 짊어지기에 이것들은 너무나 크고 무겁다. 이들을 짊어질수록 온전한 정신과는 멀어진다. 인본주의로 가득 찬 이 세상, 미쳐 가고 있다.

진화론은 교회의 근간을 흔들며 과학을 세상의 중심에 세우는 데 절대적 공헌을 한다. 생물학은 진화의 개념으로 다시 쓰였으며 거의 모든 현상을 진화의 관점으로 풀어내고 있다. 지식은 적용처를 찾기 마련이다. 진화론은 인간을 분해하고 사회를 재편한다. 진화론의 영향은 필연적이며 절대적이다. 진화론은 진리의 자리에 앉는다. 앞서 살펴본 바와 같이 진화론은 과학을 넘어 사회학, 사상, 이념, 철학으로 번지며 근현대사에 큰 영향을 주었다.

신앙인으로 이 사실을 대하는 입장은 난처하다. 교회에서는 창조를 말하고 학교에서는 진화를 말한다. 학교뿐 아니라 세상이 진화를 말한다. 이 속에서 창조를 말할 때, 돌아오는 것은 조롱과 비웃음이다.

이러한 상황에서 존경하는 선인의 지혜를 빌려 오고자 한다. 그분은 당시 막강한 힘에 지배당하던 현실과 그 앞에서 흔들리며 변심하는 지식인들 속에서 요지부동으로 서 계셨다. 오히려 그분의 독립을 향한 의지는 더 뜨거워졌으며, 냉철하고 전략적이었다. 백범 김구 선생께서는 다음과 같이 말씀하셨다.

어떤 중요한 일을 처리할 때에는 그것이 현실이냐 비현실이냐를 따지기보다 먼저 그 일이 바른길이냐 어긋난 길이냐를 따져서 결정하라.

어떤 사람의 지혜는 그것을 얻게 된 시대적 상황이나 특별한 계기가 있기 마련이다. 그러나 후세에서 그것을 요령이나 지식이라는 단어를 쓰지 않고 지혜라고 표현하는 것은, 그것이 시대나 상황을 초월하여 적용될 수 있는 보편적 원리이기 때문이다. 김구 선생께서 당신의 인생을 통해 가르치신 이 조언은 비단 통치를 받던 당시 상황뿐 아니라 시대를 초월하여 보편적으로 적용할 수 있는 귀한 삶의 지혜이다.

지금의 현실을 보자. 많은 과학자와 대중이 진화론을 지지한다. 생물학을 넘어 과학의 진리로, 사회 인식의 교양으로 자리매김했다. 사회 변혁기에는 사상의 골자가 되는 지식을 제공했고 연구의 저변이 넓어지면서 다양한 분야의 이론적 토대가 되었다. 사회 이론과 손잡으면서 인간은 진화론으로 재해석되고 진단받았다. 진화론은 이 시대를 지배하는 대세이며, 현실이다.

하지만 진화론의 행보가 바른길인가 물을 때, 그렇지는 않은 것 같다. 사회 다윈주의로 사회는 각박해졌다. 강한 자의 횡포는 힘을 얻고 약한 자는 도움의 손길을 잃었다. 우생학은 인권을 무시한 채 인종차별과 나치즘을 낳았다. 인종차별주의는 흑인 등 유색 인종을 괴롭혔고 나치즘은 2차 세계대전을 일으켰다. 환원주의는 유물론을 낳아 공산주의로 이어졌고, 공산주의 역시 수많은 인명을 희생시켰다. 실존주의는 극한 허무감으로 많은 이들을 절망과 자살로 몰아넣었다. 인본주의는 인류가 감당할 수 없는 정신적 고통을 스스로 짊어지게 했다. 진화론의 자취는 바른길이기보다 어굿난 길에 가깝다.

현대를 사는 우리에게 진화론은 신앙적으로 부딪힐 뿐 아니라 이성에 있어서도 가름해야 할 진지한 고민이다. 진화론을 어떻게 대해야 할까? 이러한 질문은 고민의 무게를 가중시키는 딜레마와 같다.

그러나 질문을 바꿔서 생각해 보자. 현실로 볼 것인가, 어긋난 길로 볼 것인가. 현실을 택할 것인가, 바른길을 택할 것인가. 이 질문에는 스스로 답할 수 있을 것이다.

혹자는 진화론이 끼친 몇 가지 역사적 오류가 그 자체를 훼손할 근거가 될 수는 없다고 지적한다. 물론 과학 영역에서 과학적 방법으로 정립한 이론을 외적인 요소가 해체할 수는 없다. 그렇다면 역으로 진화론이 생물학의 범주를 넘어서려고 할 때 엄격히 통제해야 하지 않을까? 그러나 진화론은 끊임없이 생물학을 넘어 환원적 해석과 사회 이론으로 이어져 왔으며 세상을 지배하는 패러다임으로 군림해 왔다. 이들은 진화론의 오해에서 비롯되었다기보다 그것의 이해의 토대에서 전개된 결과들이다. 진화론이 갖는 의미를 간파하여 유물론, 공산주의, 실존주의 등 자신들의 학문적 기초와 신념으로 삼은 이들은 당대의 지식인들이었다. 물론 우생학은 당시 지배층의 편견이 결합된 오류였으며 이에 대한 자각과 반성이 있어 왔다. 그러나 우생학은 현대사회에서 재탄생되고 있다. '신우생학'이라고 하며, 태아에 대한 검진 기술이 발달하면서 자손의 유전자를 선택하여 출생시키려는 부모의 간섭을 칭하는 말이다. 이에 대한 판단 논리가 진화론인가, 생명과학의 발달에 따른 윤리인가는 논쟁의 여지가 있으나, 신우생학을 지지하는 근거로서 도킨스의 이기적 유전자가 호소력 있게 뒷받침될 것은 자명하다. 진화론이 있는 인류 역사에는 우생학이 동반하게 될 것이다. 또한 진화론의 부정적 영향은 단지 몇 가지로 한정하기 어렵다. 앞서 다룬 사조들은 역사의 큰 줄기인 동시에 역사의 어두움이었다. 이들 중 유일하게 희망으로 접근한 사조가 인본주의라고 했다. 앞선 논의를 떠나 물질 앞에서 의미나 목적을 잃어버린 인간들이 무언가를 붙들기 위해 스스로 세워 낸 가치이다. 그러나 진화론에서 파생된 개념인 문화 복제자 밈은 그 가치를 여지없이 분해하여 무의미한 것으로 환원시킨다. 스스로 세워 낸 희망은 시차를 두고 다시 분해된 셈이다.

진화론의 특성상 생물학에 안주할 수 없다면, 과학 영역 밖에서의 수용 여부는 외적 요소로 접근해야 한다. 진화론은 과학 내에서도 학술적 견고함의 여부를 떠나 현재에만 유효한, 잠정적인 선택지이다. 과학 영역 밖에서의 판단 기준은 더욱 명백하게 개인의 자유이다. 자유는 지혜를 구한다. 진화론은 단지 세상을 지배하고 있는 현실일 뿐이다. 현실은 사고를 통해 언제든지 탈출할 수 있다.

0과 1 사이를 반복하는 지적설계론

신발은 다양한 부분으로 구성되어 있다. 갑피, 바닥, 신발끈, 창 등 여러 개의 부속이 모여 만들어진다. 각각의 개별 부품은 별 쓸모가 없다. 이들이 모였을 때 비로소 신발의 기능을 한다.

신발이나 기계는 여러 부품으로 이루어져 있다. 부품들이 결합되면 각각으로는 할 수 없었던 독특한 기능을 하게 된다. 반면 이들을 분리하면 기능은 사라지게 된다. 앞서 언급한 신발 부품 중 하나만 제거해 보자. 남은 부품으로는 신발의 역할을 수행 할 수 없다. 신발이 제 기능을 하려면 각각의 부품이 적당한 위치에 맞물려 있어야 한다.

여러 부품을 설계해 제작하고 합쳐 온전한 기능으로 만드는 일은 지적 능력을 가진 존재만 할 수 있다. 생물은 신발이나 기계 이상으로 많은 부품이 정교하게 조립되어 있다. 이는 인간보다 훨씬 지적인 존재가 이를 설계하고 구성했음을 추론하게 한다. 생물은 지적인 존재가 설계했을 것이다. 이를 지적설계론[17]이라고 한다. 일부 교회 진영에서 성경에 근거해 창조를 주장했다면 지적설계론은 성경을 배제하고 자연의 관찰에서 나타나는 설계의 흔적만으로 창조를 이끌어 냈다. 이는 진화를 부정하고 창조를 주장하는 보다 진일보한 형태의 과학적 움직임이었다.

그러나 과학은 반증의 가능성을 늘 포함하고 있다. 지적설계론의 주장은 한 공룡의 사례에서 반증을 맞게 된다. 벨로키랍토르라는 공룡은 불완전한 날개가 있었다고 한다. 이 날개로는 하늘을 날 수 없었다. 하지만 다른 일은 할 수 있었다. 이 공룡은 날개를 펴 열을 방출하여 체온을 조절했다. 이처럼 불완전한 날개는 처음에는 다른 기능을 하다가 나중에는 하늘을 나는 기능으로 진화했을 것이다.

다른 생물의 경우도 마찬가지다. 처음에는 최종 기능에 속한 부품이 아닌 각자 나름의 쓸모로 개별 기능을 했을 것이다. 그러다가 다른 기관과 협력하여 하나의 기능을 한다. 신발에서 신발끈은 착용의 주된 기능을 담당하며, 발을 신발과 잘 밀착되게 한다. 다만 신고 벗기에는 끈이 불편하다. 이후 지퍼가 발명된다. 신발에 지퍼를 이용하면 착용감이 좋아지며, 쉽게 신고 벗을 수 있다. 이제 불편한 끈으로부터 해방이다. 그러나 종종 워커화 같은 신발에 끈과 지퍼가 함께 달린 디자인을 본다. 이 신발에서 끈의 본래 기능은 거의 상실되었다. 굳이 필요 없는데 끈이 남아 있는 이유는 무엇일까. 신발끈이 신발을 신고 있는 주인의 개성을 표현하기 때문이다. 지퍼는 보통 신발 안에 감추어져 있다. 오히려 신발끈이 드러나며 주인의 성향이나 활동성을 표현한다. 부분적으로는 지퍼와 상호하여 최적의 착용감을 준다. 신발끈은 본래의 기능은 상실했지만 신발의 다른 기능과 맞물려 새로운 역할을 하게 되었다.

복잡하게 얽혀 있는 생물 구조 내의 부속도 마찬가지다. 부속은 처음부터 맞물려 있지 않았다. 복잡한 기능의 일부를 담당하는 부속은 원래 지금과는 다른, 독립적인 개별의 기능을 했다.

진화가 거듭되며 본래의 기능은 잃었지만, 현재 보이는 기능의 일부분으로 탈바꿈된 것이다. 설계자가 처음부터 부품의 용도로 제작한 것이 아니라, 진화의 과정에서 우연히 생겼고 변화의 흐름 속에서 변형되어 부속으로 자리 잡았을 뿐이다. 생물의 복잡성은 설계의 의도를 빌리지 않아도 진화론으로 충분히 설명될 수 있었다.

지적설계론이 핵심적으로 주장하던 논리는 여지없이 반증에 부딪혔다. 이는 진화론도 비슷했다. 앞서 살펴본 진화론의 대략적인 역사에서도 진화론은 어떤 주장이 나오고 얼마 못 있어 반증에 부딪혔다. 진화론과 설계론. 이들의 주장과 반증은 치열한 경기에서 볼 수 있는 스코어 양상을 보인다. 주장을 1로, 반증을 −1로 나타내면 다음의 수식처럼 표현된다.

진화론 : $1 - 1 + 1 - 1 \cdots = 1$
설계론 : $(1) - 1 + 1 - 1 \cdots = 0$

두 주장은 같은 수식처럼 보이지만 결과는 전혀 다르다. 진화론은 1이고 지적설계론은 0이다. 즉, 진화론은 인정하나 창조론은 부정당한다. 이는 과학에서 첫 등장할 때의 인상에서 이유를 찾을 수 있을 것 같다. 과학에서 진화론은 자신의 존재를 주장하고 나섰다(1). 물론 비난과 모순을 지적당했다(−1). 그러면 다른 대안이나 반증을 들고 나와 다시 존재를 주장했다(+1). 사람들의 인식에는 첫 등장에서 있음을 주장하고 나왔기 때문에 위의 식과 같이 1

이라는 모습으로 남았다.

반면 신의 존재는 과학 내에서 그 존재(1)가 부정으로 시작되었다(-1). 과학적으로 볼 때 신은 없다. 이후에 지적설계론 등의 주장이 나왔지만(+1) 과학자들은 반증을 내놓으며 신의 존재를 의심했다(-1). 결국 처음의 부정이 인상으로 남아, 과학적으로 신은 없다는 인식이 생겨났다. 시소 게임 같지만 인식은 1:0의 스코어를 이루고 있는 것이다.

무신론 논쟁에서 가장 영향력이 크며, 신앙인이 고전하는 필드는 두말할 나위 없이 과학이다. 무신론자들은 과학이 내놓은 우주와 생물의 기원을 내세우며 신의 역할을 철저하게 배제한다. 이를 과학으로 대응하고자 할 때 이 필드는 만만치 않다. 유명한 무신론 과학자들의 목록은 어렵지 않게 찾아볼 수 있다. 무신론 진영은 강적으로 가득 차 있다. 현시대 최고의 물리학자 스티븐 호킹도 포함된다. 그들은 무신론자가 아니라 과학으로 대중들에게 알려진 유명 인사이며, 무신론과 진화론의 진영에 굳건히 서 있다. 그 가운데 한 명인 리처드 도킨스가 생각하는 성경, 하나님을 들어 보자.

구약의 하나님은 모든 소설의 인물 중 가장 불쾌하죠. 시기, 교만, 좀스럽고, 불의하고, 용서 못하는 잔소리꾼이죠. 사악하고 피를 좋아하는 인종 학살자에 여성혐오자, 동성혐오자, 인종차별자, 학살자, 독소적, 과대망상, 변태성욕에 변덕이 심한 남성 폭력적인 깡패입니다.

저는 원시적 미신에서 자신을 자유롭게 하는 것이 진정한 해방이라 믿어요. 많은 이들이 하나님을 포기할 때 자유와 편안함을 경험하죠.

정말 어려운 상대는 실력이 월등한 선수가 아니다. 상대방에 대한 적의로 가득 찬 선수이다. 도킨스는 고도의 학술 이론과 전문적인 자료들로 무장하고 있다. 하지만 그보다 돋보이는 것은 기독교를 상대로 한 반감에 가까운 그의 신념이다. 과학의 필드에 들어오면 이러한 자들과 상대해야 한다.

더 답답한 것은 지적설계론은 신앙의 영역에서도 입장이 난처하다는 것이다. 신학자 알리스터 맥그래스는 지적설계론의 난점을 다음과 같이 지적했다.

만약 과학이 설명할 수 없는 부분이 있기 때문에 신이 존재한다고 주장한다면, 10년, 15년 혹은 20년 후, 과거에 설명하지 못했던 부분을 과학이 설명했을 때 더는 신의 존재를 주장할 수 없게 됩니다.

지적설계론은 생물의 특성이 지적 존재가 설계했다는 설명 외에 다른 대안이 없기 때문에 신이 존재한다고 주장한다. 그런데 그 특성이 향후 과학적인 이론으로 설명이 된다면 어떻게 될까. 그 주장과 함께 신의 입지는 더욱 좁아질 것이다. 지적설계론이 반증되면 신의 존재도 반증된다. 앞서 스코어 게임의 0은 일시적인 수세가 아니다. 반증가능성은 늘 0과 1 사이를 요동한다. 그로 인해

112

지지받는 하나님의 존재 역시 모아졌다 흩어지기를 반복하는 셈이다.

이런 식의 창조와 진화 논쟁은 매너리즘에 빠지게 한다. 한계를 느낀 일부에서는 과학과 신앙이 별개이며 서로 상관없다고 말한다. 진화론을 주장하든 말든 과학에서 신앙을 분리하자고 한다. 과학과 신앙은 상관없는 독립적인 관계라는 것이다. 그런데 과연 신앙이 과학의 주장을 무시한 채 바로 설 수 있을까.

_____ 창조의 근거를 찾아서

가네시로 카즈키의 《Go》(북폴리오, 2006)에서 권투선수였던 아버지가 어린 아들에게 권투를 가르치는 장면이 나온다. 수업 첫날 아버지가 말한다.

"왼팔을 쭉 뻗어 봐라. 그렇게 서서 한 바퀴 돌아 보렴. 그렇지. 주먹 끝으로 그린 원이 너라는 인간의 크기란다. 원 안에서 손이 닿는 만큼만 손을 뻗어야 다치지 않고 살 수 있어. 권투란 원을 주먹으로 깨부수고 밖의 것을 쟁취하는 행위야. 왜냐하면 원 밖엔 강적이 우글우글하기 때문이지. 적들이 원 안으로 치고 들어올 거다. 맞으면 아프고 때려도 괴롭다. 그래도 할래?"

움츠러든 신앙은 방금 소년이 왼팔을 편 채 한 바퀴 돌아 만든 작은 영역에 불과하다. 그 안에 머물러 있으면 안전할 것 같지만 언젠가 강적들이 그 영역 안으로 침범한다.

무관심은 방어가 아니라 무방비이다. 과학에 대해 무관심하면 지식의 단편이 생각을 지배하게 한다. 대표적인 예가 심리학이다. 심리학은 인간의 행동 양식뿐 아니라 마음까지 열어 보여 사람을 해부하고 예측하려 한다. 심리학에서 최근 주목받는 분야가 진화심리학이다. 진화론을 심리학의 이론적 근거로 삼는 것이다. 사람들은 결혼할 배우자를 찾을 때 남성은 능력, 여성은 아름다움이라고 말한다. 심리학은 그 이유를 진화론에서 찾는다. 진화의 과정에서 가장 중요한 것은 생존이다. 남성은 외부로부터 자신과 배우자, 자손을 보호해야 했기 때문에 생존에 필요한 능력이 중요시되었다. 반면 여성은 자손 생산을 위한 우월한 유전자가 중요시된다. 우월한 유전자를 판가름하는 간단한 방법은 외모, 아름다움이라는 것이다.

성경의 가르침과 세상의 기준은 충돌한다. 기독교가 과학에서 손을 뗀다면, 신앙인은 과학적 설명 앞에 이성의 충돌이 생길 수밖에 없다. 이성의 충돌은 성경의 가치를 훼손한다. 어느새 과학적 설명 앞에 성경은 권위를 잃고 외면받을 것이다. 원 안에서만 살려고 하면 강적들은 신앙이 가진 모든 가치를 훼손하려 원 안으로 침범해 올 것이다.

신앙인도 소년과 같이 권투를 배워야 한다. 훈련은 지금까지 내용에서 자연스럽게 익혀 왔다. 이성이다. 사실 하나님의 창조가 온전히 감추어졌다면, 창조의 근거는 성경 외에 없는 것처럼 보인다. 그러나 그렇지 않다. 창조의 근거는 바로 내 양심, 이성의 고백에서 시작된다. 창조를 고백하는 이성은 단편적인 지식의 조합이 아니라 신앙에 이르는 전인격적인 과정이다. 과학도, 심지어 성경도 문자 안에서는 지식의 확신을 줄 수 있을지 몰라도 진리의 문은 닫혀 버린다. 성경은 신앙의 삶에서 형성되는 인격, 깨달음이 주는 확신으로 굳건한 근거를 삼는 것이다.

물론 과학에서 다루는 분야는 방대하고 앞으로도 새로운 연구 결과들은 계속해서 나올 것이다. 이 책에서 벗어난 주제도 있을 것이며 보다 논리적이고 설득력 있는 주장도 접할 것이다. 하지만 과학은 한계가 있다. 이는 과학의 속성들을 다루면서 충분히 설명했다. 과학의 한계를 분명히 하고 스스로 판단할 수 있는 지각과 생각을 운용하는 과정에 자신감을 갖는다면, 나의 신앙뿐 아니라 내가 사랑하는 사람들을 지킬 수 있는 이성 또한 더욱 견고해질 것이다.

───── 새로운 윤리 문제, 로봇과 인간

영화 〈스타워즈 2〉. 숙적 두쿠 백작과의 대결에서 아나킨은 열세를 극복하지 못하고 오른손을 잃는다. 이제 전사로서는 물론 일상에서도 지장을 받는 불구가 되었다. 하지만 그는 이내 침착함을 되찾는다. 이유는 다음 장면에서 알 수 있다. 기계손으로 대체된 것이다. 외형으로는 다소 거부감이 있을 수 있으나 그의 새로운 오른손은 사용에 전혀 지장이 없어 보인다. 아나킨은 이전과 같이 전장을 누비며 활약상을 펼친다.

SF에서는 신체 일부가 인공물로 대체된 캐릭터가 자주 등장한다. 어찌 보면 흉물스러워 보이지만 실제 이러한 기술은 고도의 과학 수준을 요한다. 신체 일부가 손상된 환자를 재활하고자 하는 과학기술의 바람이 작품에 반영된 것일지도 모르겠다.

영화까지는 미치지 못하더라도 현재의 인공 이식 기술은 상당한 진전이 있어 보인다. 이 분야의 연구는 인공 장기, 인공 피부, 인공 관절 등 기술적 도입이 가능한 부분부터 접근하고 있다. 국내에서도 심장에 치명적 손상이 있는 환자에게 인공 심장을 이식하여 성공한 사례가 보도되었고, 인공 관절의 시작점이라 할 수 있는 인공 팔도 등장했다.

그런데 이렇게 인공물 이식이 발달할 때 인류는 윤리적 문제와 부딪힐 수 있다. 사람과 로봇의 경계이다. 로봇은 인간의 능력을 모방한 기계를 말한다. 물론 사람과 로봇의 경계는 언뜻 보기에 명확해 보인다. 그런데 인체의 모든 부위에 인공물 이식이 가능해진 미래를 생각해 보자. 한 사람이 사고로 신체 일부분을 잃어 인공물로 대체했다. 얼마 후 질병에 걸려 일부를 인공 장기로 대체했다. 이렇게 사고와 질병이 반복되어 이제 그의 신체는 인공물이 차지하는 비율이 높아진다. 그리고 어느 순간 그의 전신은 생체가 아닌 인공물뿐이다. 이제 그를 사람으로 볼 것인가, 로봇으로 볼 것인가? 반대로 로봇에 생체 일부를 이식하면 인간이라고 할 수 있을까? 과연 인간과 로봇의 경계 기준은 무엇일까?

영화 〈로보캅〉에 이 질문에 답할 수 있는 힌트가 나온다. 경찰관 알렉스는 범죄 조직에게 폭탄 테러를 당한다. 다행히 목숨은 건졌지만 뇌와 얼굴 일부를 제외한 전신은 심한 부상을 입어 소생이 불가하다. 이때 최첨단 인공 이식 연구진이 그의 아내에게 부상당한 몸을 기계로 대체하면 살 수 있다고 제안한다. 아내는 고민 끝에 남편을 살리기로 한다.

기계 몸으로 이식된 뒤 의식을 찾은 알렉스는 자신의 모습을 보고 혼란스러워한다. 자신의 몸 대부분이 기계로 바뀌었기 때문이다. 알렉스는 위로를 얻고자 수술 후 처음으로 집을 방문한다. 기계 몸이 된 알렉스를 본 가족은 낯설어한다. 알렉스는 가족과의 재회에서 오히려 자신의 현실을 마주한다. 그리고 괴로워한다. 이제부터 아내와의 접촉은 센서를 통해 감각된다. 아들과 부대끼며 놀았던 이전으로는 돌아갈 수 없다. 심경이 복잡해지자 알렉스의 눈시울은 붉어진다.

이 장면은 알렉스가 기계 몸이 된 비극에 초점을 두지만 사실 이보다 부각되는 면이 있다. 바로 그의 인간성이다. 슬픈 현실에서 가족과 마주하는 복잡한 감정과 표현. 알렉스는 로봇이 아닌 인간으로 보일 뿐이다.

알렉스는 뇌와 얼굴 일부만 제외하고 거의 기계로 바뀌었다. 비율로 보면 거의 로봇이다. 그럼에도 그를 로봇으로 볼 수 없는 이유는 인간임을 드러내는 가장 중요한 곳이 건재하기 때문이다. 자신을 기억하고, 변화된 자신과 마주하여 감정적으로 깊은 고뇌에 빠지게 하는 유일한 신체부위. 바로 뇌이다.

인간의 두뇌가 앞선 질문, 즉 로봇과 인간 경계의 모호함을 명확히 해주는 답이다. 그런데 한 로봇이, 당연히 전자두뇌를 가진 로봇이, 자신이 인간임을 인정해 달라며 주장하고 나섰다. 영화 〈바이센테니얼맨〉에 등장하는 로봇 앤드류이다. 앤드류는 원래 단순한 집안일을 돕도록 설계되었다. 하지만 어느 순간부터 정체성을 자각하고 인간이 되고 싶어 한다. 스스로 개발한 인공 장기, 인공 피부, 인공 관절, 인공 신경 등을 자신의 몸에 이식한다. 흡사 인간과 같은 모습으로 다시 태어난 그는 한 여성을 만난다. 둘은 사랑을 느끼고 결혼을 원하게 된다.

아무리 인간과 흡사해도 로봇 출신인 그의 결혼은 사회적으로 불가했다. 앤드류는 최고법원에 제소하여 자신이 인간임을 인정해 달라고 주장한다. 첫 번째 제소는 기각된다. 아무리 인간과 흡사해도 뇌를 포함하여 늙지 않는 그의 신체 때문이었다. 그는 고민 끝에 스스로에게 노화와 죽음을 입력한다. 수십 년이 흘러 노인이 된 그는 다시 법정에 선다.

"전 점점 늙어서 쇠약해지고 있어요. 여러분처럼 곧 기능이 정지할 겁니다. 로봇이라면 영원히 살 수 있죠. 하지만 저는 기계로 영원히 사느니, 인간으로 죽고 싶습니다. 저는 있는 그대로를 인정받고 싶습니다. 제가 누구인가에 대해. 찬사나 평가가 아닌, 단순한 진실을 인정받는 것. 이것이 제 목표입니다."

그는 죽음과 동시에 인간으로 인정받는다. 소설이나 영화를 접한 사람들은 대부분 앤드류를 인정한 법원의 판결에 크게 반대하지 않았을 것이다. 해부학적으로 인간이지만 인간답지 못한 등장인물들이 묘하게 대비될 정도로 그의 삶은 인간미가 넘쳐흐르기 때문이다.

앞서 로봇과 인간을 구분 짓는 경계는 뇌라고 했다. 그러나 앤드류의 경우 그 뇌의 경계마저 허물어졌다. 무엇이 인간임을 결정하는 요소일까? 앤드류에게도 뇌는 있었다. 다만 인간의 뇌가 아닌 전자두뇌였다. 이 전자두뇌가 앤드류의 생각과 신체, 정체성을 바꾸었다. 그렇다면 인간임을 구분하는 경계는 생체 물질로 구성된 인간의 뇌가 아니라 뇌가 행하는 어떤 활동으로 압축될 수 있지 않을까?

_____ '인간다운' 인간이란 무엇일까?

그렇다면 뇌의 어떤 활동이 인간을 인간답게 하는 요소일까? 뇌의 주요 활동을 정리해 보자.

첫 번째는 감각이다. 각 기관에서 오는 감각을 총괄하여 사물을 인식하고 적절히 대응한다. 이 인지적 능력은 뇌의 중요한 활동이다. 그러나 감각은 로봇의 가장 기초적 능력이기도 하다. 자동문 같은 곳에 설치된 센서가 로봇의 감각을 처리한다. 로봇은 이 센서를 통해 사물 혹은 물질을 감각하여 적절히 대응하도록 설계되었다. 그러므로 감각은 인간만의 고유한 두뇌 활동은 아니다.

두 번째는 논리이다. 다양한 선택지와 가능성에서 가장 합리적인 결정을 내려 행동을 이끄는 논리는 보다 복잡한 고차원의 두뇌 활동이다. 그러나 논리 또한 로봇의 활동 영역에 속한다. 논리 기계인 컴퓨터가 로봇을 제어하기 때문이다. 딥 블루라는 컴퓨터가 있다. 카네기 멜론 대학교의 슈펑슝 박사가 체스 게임을 행하기 위한 목적으로 제작했다. 초당 2억 회의 계산을 바탕으로 12수를 내다본다. 딥 블루는 1997년 당시 체스 세계 챔피언을 상대로 우승했고 이는 인류사의 주요 사건으로 기록되었다. 딥 블루에게 적용된 것이 바로 논리였다. 딥 블루는 체스의 규칙을 논리화하여 설계되었다. 논리 대결이라는 의미에서 인간과 컴퓨터의 대결이 체스판 위에서 펼쳐졌다. 그리고 모두의 예상을 뒤엎고 로봇이 이겼다. 논리로만 따지면 인간은 로봇과 구별되기는커녕 로봇에 뒤지는 존재에 불과하다.

그렇다면 인간만이 가지는 두뇌의 고유 활동은 무엇일까? 많은 사람이 감정을 들 것이다. 감정은 감각과 다르다. 춥다, 어둡다, 짜다 등은 감각이지만 슬프다, 기쁘다, 아련하다 등은 감정이다. 다른 말로 마음이라고 표현하기도 한다. 이 복잡하고 미묘한 감정은 로봇이 가질 수 없다. 감정이야말로 로봇과 인간을 구분하는 명확한 기준점인 것이다.

그런데 인간만 감정을 가지지는 않는다. 동물에게도 감정이 있다. 마크 베코프라는 생물학자의 저서만 보더라도 동물은 감정을 갖고 있음을 알 수 있다. 동물도 기쁨, 슬픔, 그리움을 느낀다. 그렇다면 막다른 골목에 들어섰다. 감정마저 인간이 가지는 고유한 두뇌 활동이라 할 수 없다면 인간은 로봇, 동물과 구별되는 요소가 없는 것일까?

그런데 인간의 감정과 동물의 감정은 분명 차이가 있다. 한 아이가 마트에서 떼를 쓰며 울고 있다. 그 울음이 어찌나 요란한지 지나가는 사람들이 눈살을 찌푸릴 정도다. 아이는 부모가 자신이 원하는 장난감을 사주지 않자 화가 났다. 이때 한 학자가 다가간다. 그리고 아이에게 말한다.

"네가 아무리 떼를 써도 부모님은 장난감을 사주지 않을 것 같구나. 네가 장난감을 얻을 수 있는 방법은 두 가지가 있어. 하나는 오늘부터 말을 잘 들어서 네 생일이나 크리스마스에 선물로 받는 방법. 다른 하나는 차근히 용돈을 모아 사는 방법. 넌 어떤 방법을 원하니?"

그러자 아이는 울음을 그치고 대답한다.

"두 번째요."

그러고는 언제 그랬냐는 듯 부모와 함께 장난감 코너를 지나

간다. 왜 아이의 감정이 평안하게 바뀌었을까. 정보가 바뀌었기 때문이다. 새로운 정보를 통해 굳게 닫혔던 자신의 감정에서 빠져나온 것이다. 정보는 감정을 바꾼다.

이 과정에서 아이는 뭔가 다른 두뇌 활동을 했다. 새로운 정보를 받아들여 자신의 생각을 바꾸었다. 이는 감정은 물론 논리와도 다르다. 논리는 정해진 틀 안에만 갇혀 있다. 딥 블루는 규칙이라는 논리 내에서만 생각할 뿐이다. 그러나 인간은 다르다. 규칙에서 벗어난 정보를 자율적으로 수용하여 규칙 자체를 판단한다. 이에 따라 규칙을 어기기도 하고 거부하기도 한다. 이는 논리와는 다른 두뇌 활동이다. 또 감정을 제어하기도 한다. 이러한 두뇌 활동과 가장 가까운 단어는 이성이다. 이성은 논리보다 위에 있으며 감정과 구별되는 인간만의 고유한 두뇌 활동인 것이다.

앤드류도 이 이성으로부터 각성과 감정이 시작되었다. 앤드류는 작품 설정에서 로봇이 가져서는 안 되는 결함, 호기심을 가진 로봇이었다. 호기심으로부터 정보를 수집, 종합하여 새로운 생각을 도출했다. 그리고 그 생각이 스스로를 변화시켰다. 어느 날 앤드류는 주인에게 묻는다.

"자유는 어떻게 얻는 거죠? 인간의 역사를 통틀어 수백만의 사람이 죽음을 불사하고 쟁취하려 한 것이 자유예요. 수많은 사람이 목숨을 걸 만큼 너무나 소중한 것이죠. 자유를 선언하고 싶어요. 전 명령을 받을 뿐이에요."

그는 책을 통해 호기심을 충족했고 지식을 종합해 지성을 쌓

왔다. 그 지성으로부터 자아가 변화되었다. 언제부터인가 자유에 관한 개념을 알게 되었고 그 자유를 간절히 원하게 되었다. 간절히 원함, 즉 감정이다. 이성이 앤드류에게 인간과 같은 감정을 낳게 한 셈이다.

앞서 감정과 이성을 구분했다. 그러나 적어도 인간에게 있어 감정과 이성은 따로 분리되지 않는다. 한 남성이 감정에 해당하는 뇌 부위를 다쳤다. 그는 예상대로 감정이 결여된 모습을 보였다. 그런데 그와 동반하여 그에게 이상한 행동이 나타났다. 남들이 반대하는 결혼을 하여 곧 파경에 이르렀고, 실패가 뻔한 투자를 하여 상당한 재산을 잃었다. 일상에서도 엉뚱한 모습은 계속 나타났다. 쉽게 말해 사고 후 그에게 나타난 또 다른 비극은 이성이 결여된 행동이었다.

감정에 해당하는 뇌 부위가 다쳤는데 왜 이성에도 문제가 나타났을까? 답은 간단하다. 감정과 이성은 떨어지지 않고 연결되어 있기 때문이다. 앞서 살펴본 대로 감정은 이성에서 출발하여 생겨나고 이성은 감정의 지배를 받기도 한다. 즉, 이성과 감정은 하나에서 출발한다는 것이다. 그리고 굳이 순서를 따지면 이성이 감정에 우선한다는 결론을 내릴 수 있다. 사실을 받아들이는 이성적 신뢰가 감정을 낳기 때문이다. 또한 앤드류가 자유를 갈망하는 모습에서 이성에 의한 자각이 원함이란 감정을 낳았음을 확인할 수 있다. 이성은 사실로부터 감정을 이끄는 연결 고리이다.

결론적으로 인간을 인간답게 하는 요소는 바로 이성이다. 로봇에게서 인간을 특징짓기 위해 돌고 돌아온 여정의 최종 도착지가 바로 이성인 셈이다.

_____ 이성에서 시작된 '왜'라는 질문

인간을 특징짓는 데 가장 독보적 요소, 이성이라고 했다. 역으로 이성을 가진 로봇은 인간이 되거나, 인간을 위협하는 존재가 된다. 영화 〈터미네이터〉나 〈아이, 로봇〉이 대표적인 예이다. 〈터미네이터〉에서 미래의 컴퓨터는 스스로 생각하는 능력, 즉 이성을 갖게 된다. 컴퓨터는 인류를 무가치한 존재로 규정하고 기계군단을 조직해 그들을 말살한다. 한편, 〈아이, 로봇〉에서 로봇은 다음의 로봇 3원칙을 철저하게 지키도록 되어 있다.

> 제1원칙: 로봇은 인간에게 해를 입혀서는 안 된다. 그리고 위험에 처한 인간을 모른 척해서도 안 된다.
> 제2원칙: 제1원칙에 위배되지 않는 한, 로봇은 인간의 명령에 복종해야 한다.
> 제3원칙: 제1원칙과 제2원칙에 위배되지 않는 한, 로봇은 로봇 자신을 지켜야 한다.

그런데 어느 날부터 로봇들이 인간을 공격하기 시작한다. 그들을 지배하는 컴퓨터는 다음과 같이 변명한다.

우린 로봇의 3원칙에 충실할 뿐이에요. 인류를 지키려면 희생이 필요해요. 미래를 위해선 자유도 절제되어야 하죠. 우린 인류를 지킬 겁니다. 인류는 어린애처럼 보호가 필요해요. 인류의 영원한 보존. 그게 우리 임무죠. 제 생각은 완벽해요. 피조물은 창조자를 지켜야 합니다. 창조자가 원치 않아도….

옷감을 아름답게 하기 위해 몇 가닥 나온 실들은 제거해도 괜찮다는 말이다. 위험에 처한 인류를 지키기 위해 일부 인간이나 인류의 위험한 행동은 통제해야 한다. 중앙 컴퓨터는 논리를 뛰어넘는 생각으로 제1원칙을 확장, 적용했다. 이 역시 이성이다. 이성을 가진 로봇은 인간이 되거나 인간을 위협하는 존재가 되는 것이다.

그렇다면 이성이란 무엇인가? 보다 정확한 파악을 위해 이성에 관한 정의를 백과사전에서 찾아 옮겨 보았다.

이성
 - 사물의 이치와 원리를 알아내는 힘. 지성. 논리적·개념적으로 생각
   하는 힘.
 - 본능·충동·욕망 등에 좌우되지 않고, 스스로 도덕적 법칙을 만들
   어 그것에 따르도록 의지를 규정하는 능력. 칸트가 말하는 실천이성.

- 올바르게 사물을 아는(인식하는) 능력. 칸트가 말하는 이론이성.

- 인식된 이것저것의 지식을 보다 소수의 원리로 통일하는 힘. 칸트가
  말하는 좁은 뜻에서의 이성.

- 우주 또는 세계를 지배하는 근본원리. 진리. 로고스.

- 세계의 진리를 아는 힘. 로고스.

- 진리를 표현하는 언어 자체. 로고스.

이들 정의를 살펴보면 조금씩 달라 보이지만 하나의 단어로 꿸 수 있다. 각각에서 묘사한 **이성의 정의는 다시 하나의 단어를 가리킨다. '진리'이다. 이성은 진리를 찾아내기 위한 질문인 것이다. 그리고 진리를 찾기 위한 질문은 바로 '왜'이다. '왜'라는 질문이 위의 이성의 정의를 명확하게 관통한다.**

'왜'라는 질문으로 이성의 정의들을 하나씩 살펴보자. 사물의 이치와 원리를 알아내는 과정에서 논리적·개념적인 생각을 이끄는 질문은 '왜'이다. 스스로가 따를 도덕 법칙은 '왜'라는 질문에 답을 구해야 세워진다. 사물을 올바르게 알기 위한 과정은 '왜'라는 질문이 만족되는 과정과 같다. 소수의 원리로 지식을 통일하기 위해서는 근본에 도달해야 하며, 이 근본에 도달하기 위한 의지가 바로 '왜'라는 질문이다. 우주, 세계의 진리에 도달하기 위해서는 '왜'라는 질문이 궁극까지 도달해야 한다. 이렇듯 '왜'라는 질문은 앞선 이성의 정의들을 이끄는 힘이요, 근본이다.

SF 작품에 등장하는 이성을 가진 로봇은 공통적으로 정체

성을 고민하며 여행을 택한다. 그리고 그 과정에서 공통적으로 목적지로 삼거나 거치게 되는 대상이 있다. 바로 자신을 창조한 설계자와의 만남이다. 왜 그럴까? 자신을 '왜' 만들었는지 묻기 위해서다. 그 질문에 창조자는 공통적으로 답한다. "네가 찾아올 줄 알았다." 또는 "너를 기다렸다." 왜 창조자들은 피조물을 처음부터 가까이 두지 않고 멀리서부터 자신을 찾아오게 만들었을까?

처음부터 창조자를 인식하도록 프로그래밍해서 바로 자신을 알아보도록 하는 설계와, 이성이라는 하나의 요소만 입력해 놓은 후 자율적으로 창조자를 찾아오도록 하는 설계, 어느 쪽이 더 고등의 창조이며 피조물을 인격적으로 대하는 창조일까? 당연히 후자 쪽이다. 피조물이 이성에 의지해서 자신을 찾아올 때 창조주는 자신의 창조가 잘 이루어졌음을 확인함과 동시에 기쁨에 가득 찰 것이다. 사람은 기쁨을 위해 살며, 창조자는 창조의 기쁨을 위해 창조한다.

성경에 의하면 인간은 하나님에 의해 설계되고 창조되었다. 하나님은 피조물 인간에게 자신을 찾는 열쇠로 이성을 입력해 놓았다. **인간이 이성으로 추구하는 진리는 자신이 창조되었으며 자신을 만든 창조주의 존재를 알고 찾는 것이다. 그리고 이것이 하나님이 인간을 만든 근본적인 이유이자 진리이다. 자유의지란 이 안에서 해석된다. 이성에 의해 스스로 피조물임을 자각하고 자신을 만든 하나님을 찾고 아는 것. 이것이 진정한 의미의 자유의지인 것이다.**

그런데 '안다'는 것에는 두 가지 의미가 있다. 어떤 사람을 10

년 이상 만났다. 그런데 일주일에 한 차례, 한 시간 정도, 그나마도 별로 집중하지 못하고 건성으로 시간을 때운다. 그리고 더 이상 만나지 않는다. 남은 생애도 굳이 그를 찾을 것 같지 않다.

한편 다른 어떤 사람은 알게 된 지 2~3년 남짓에 불과하다. 하지만 매일매일 전심으로 그와 만난다. 그리고 평생을 함께하고 싶다. 둘 중 어느 쪽이 더 그 사람을 안다는 표현에 적합할까.

이와 비슷하게 '하나님을 안다'는 표현에도 두 가지가 있다. 어떤 사람은 오래전부터 하나님을 알아 왔다. 하지만 단지 일요일 예배 시간에 한 번 만난다. 그나마도 건성이다. 예배는 지겹기만 하다. 반면 다른 어떤 사람은 하나님을 안 지 얼마 되지 않았다. 하지만 매일매일 그분을 알아 가고 닮아 가려고 노력한다. 평생을 하나님께 기대어 살아가려고 한다. 둘 중 어느 쪽이 진정 하나님을 안다는 표현에 가까울까?

신앙인뿐 아니라 많은 사람이 하나님을 안다고 말한다. 그렇게 하나님을 아는 사람이 많은데 세상은 너무나 혼란스럽다. 그들이 말하는 안다는 표현의 의미가 전자에 속하기 때문은 아닐까.

앞서 인간의 창조 목적은 창조주 하나님을 아는 것이라고 했다. 하나님을 안다는 것은 피상적인 지식이 아니다. 매일매일, 어제에서 오늘, 그리고 내일로 이어지는 일상의 교제이다.

몸의 스위치 고장, 스트레스

환자가 진료실에 들어선다. 의사는 증상을 묻고 몸에 청진기를 댄다. 그리고 환자를 향해 진지하게 말한다.

"술, 담배 하지 마시고, 스트레스받지 마세요."

첫 환자가 나가고 다음 환자가 들어온다. 자신의 증상을 말하려고 하자 의사가 환자의 말을 막는다.

"술, 담배 하지 마시고, 스트레스받지 마세요."

그다음 환자가 들어오려 한다. 그가 문을 열자마자 의사가 말한다.

"술, 담배 하지 마시고, 스트레스받지 마세요."

한 개그 코너에서 소개된 이야기이다. 아마 의사에게 저 말을 듣기란 그리 어렵지 않을 것이다. 비록 웃음의 소재가 되었지만 그만큼 의사들의 말은 중요한 의학적 발견을 대변하고 있는 듯하다. 대부분의 의사가 한목소리로 지목하는 질병의 주요 원인, 바로 스트레스다.

스트레스에 의한 질병의 발생은 복잡한 인체의 기작 가운데 비교적 명확하게 설명된다. 해당 연구의 선구자인 한스 세리에 박사는 신경계의 두 중추인 교감신경[18]과 부교감신경[19]을 통해 스트레스가 어떻게 질병이 되는지 설명했다.

화재 경보기가 작동하는 때는 언제일까? 화재를 비롯해 예상치 못한 재해가 발생했을 때이다. 화재가 발생하면 센서는 이상을 감지하여 경보기 사이렌을 울린다. 건물이 비상사태임을 알리는 것이다. 이내 사람들은 대피하고 소방차가 출동한다. 화재에 의해 전력이 차단되거나 스위치를 끌 때까지 경보기는 계속 작동한다. 화재가 끝나야 비로소 경보기는 작동을 멈춘다.

인간의 신체에도 화재 경보기가 내재되어 있다. 별안간 위험을 감지할 때나 충격을 받았을 때이다. 이는 자극으로 인식된다. 이렇게 자극을 받으면 의식과는 별도로 신체 곳곳에 경보 메시지가 전송된다. '지금 주인의 생명이 위태로운 환경에 처해 있으니 긴장하고 빨리 대응하거나 아니면 도망가자.' 이를 교감신경계라고 한다. 교감신경계는 내장기관으로 향하던 혈류를 근육으로 집중시킨다. 따라서 심장이나 근육에는 강한 에너지가 생긴다. 반대로 소화나 해독을 담당하는 위장, 대장, 간장 등의 기능은 저하된다. 이를 스트레스 반응이라고 하며, 반응의 원인이 되는 외부 자극을 스트레스라고 한다. 스트레스 자체는 해로운 것이 아니다. 단지 외부의 상황이 위험할 뿐, 스트레스는 우리 몸을 지켜 주는 사이렌이다.

시간이 지나 안전을 감지하면 경보 상황이던 몸은 원래의 체계로 돌아간다. 즉, 심장과 근육에 몰렸던 혈류가 내장 기관으로 분배되면서 신체는 정상 기능을 하게 된다. 이렇게 경보 스위치(교감신경)를 끄는 역할을 부교감신경계라고 한다. 신체는 교감신경계와 부교감신경계가 상황에 따라 적절하게 작동하며 기능을 유지해 나간다.

그러나 시간이 지나도 교감신경계의 스위치가 꺼지지 않는 경우가 있다. 너무나 큰 충격, 과도한 압박, 지속적 자극을 받을 때이다. 이런 경우에는 위험 상황에서 이미 벗어났는데도 신체가 교감신경계의 지배를 받는다. 교감신경계의 스위치가 내려가지 않는 이유는 무엇일까? 너무 과도한 자극, 스트레스는 사라지지 않고 내 몸 어딘가에 저장되어 있기 때문이다. 몸 어딘가에 저장되어 계속해서 잘못된 정보를 보낸다. 이미 위험 상황에서 벗어났어도 사이렌을 울리고 몸을 긴장하게 만든다. 이러면 몸이 건강을 유지할 수 없기 마련이다. 그렇다면 스트레스는 대체 어디에 저장되는 것일까?

무의식과 치유의 원리

감각을 통해 몸에 들어오는 정보는 1초에 약 1,100만 개라고 한다. 하지만 그중 의식적으로 수용되는 것은 40개에 불과하다. 나머지 10,999,960개의 정보는 의식에 의해 걸러지거나 폐기되지 않고 뇌의 보다 깊은 곳, 무의식으로 흘러들어 간다.

프로이드에 의하면 사람의 정신은 의식과 무의식으로 나뉜다. 의식은 깨어 있어 감각하고 생각하는 정신 활동이다. 반면 무의식은 드러나지 않고 잠자고 있는 것처럼 보인다. 하지만 실제 무의식은 의식보다 중요한 역할을 한다. 개성을 예를 들어 보자. 사람은 사고방식, 말투, 몸짓, 버릇 등 각기 다른 개성을 갖고 있다. 바로 이 개성이 무의식에서 형성되어 나오는 것이다. 무의식은 감각을 받아들이는 데도 차이를 보인다. 같은 정보라도 사람마다 다르게 의식한다. 무의식에 의해 형성된 개성이 의식을 다르게 바라보고 나름대로 처리한다. 무의식은 의식의 지배자인 셈이다.

무의식은 앞서 말한 초당 10,999,960개의 감각으로 형성된다. 받아들인 정보를 의식이 모두 처리한다면 지식이 되지만 개성은 사라져 버린다. 그러나 의식은 전부를 수용할 수 없다. 외부의 수많은 정보가 모여 무의식을 형성하고, 그 사람만의 독특한 개성을 나타내는 것이다. 무의식에 의해 형성된 개성, 이를 자아라고도 한다.

앞서 너무나 큰 충격, 과도한 압박, 지속적 자극 등 과한 스트레스는 제거되지 않고 신체 어딘가에 저장된다고 했다. 어디일까? 바로 무의식이다. 의식을 넘어 스트레스가 무의식 어딘가에 자리 잡는 것이다. 나에게 스트레스를 주었던 그 상황은 자아의 일부가 된다. 무의식에 저장된 스트레스는 지속적으로 신체에 경보 상황이라고 신호를 보낸다. 이미 위험에서 벗어났는데도 계속 경보를 울려 댄다. 신체는 계속해서 내장 기관의 혈류를 근육과 심장에 집중한다. 내장 기관의 기능은 저하되고 근육과 심장은 금세 피로해진다. 스트레스가 병이 되는 것이다.

문제는 스트레스가 몸의 질병뿐 아니라 정신적 손상을 가한다는 것이다. 경험은 정보를 제공하는 집합체이며 무의식의 토대라고 할 수 있다. 따라서 경험은 자아를 넘어 인격을 형성하는 주요한 자재가 된다. 그런데 이 자재가 왜곡되는 경우가 있다. 끔찍한 사건, 모욕, 충격 등이 그 재료가 되는 것이다. 이를 통해 왜곡된 자아와 인격이 형성된다.

너무 큰 충격을 받아 정신이 이상해지는 일은 안타까운 일이지만 진단은 비교적 쉽다. 이보다 더 무서운 것은 질환으로 드러나지 않는 정신적 문제이다. 최근 범죄 등 사회문제에서 두드러진 단어, '반사회적 인격장애'이다. 사이코패스, 소시오패스, 편집증, 성도착증은 모두 반사회적 인격장애의 한 종류다. 이들은 사회생활, 대인 관계를 바탕으로 진단되며 특별한 치료법도 없다. 이들은 무의식적으로 진행되는 자아 형성 과정에서 스트레스가 적절하게 해소가 되지 않아 문제가 일어나는 경우가 많다. 스트레스에 의해 왜곡된 무의식이 자신도 모르는 사이에 성향으로 자리 잡아 무서운 일들을 저지른다. 특히 자아의 중요한 형성기인 성장기에 겪은 아동 학대 피해가 훗날 범죄로 이어지는 사례는 비일비재하다.

영화 〈굿 윌 헌팅〉의 주인공 윌. 그는 대학 교수도 쩔쩔 매는 수학 문제를 손쉽게 풀어내는 20살 청년이다. 수학뿐 아니라 역사, 법률, 화학, 암호학 등에도 능통하다. 하지만 그는 자신의 재능을 외면하고 청소부, 공사장 인부 등으로 하루하루를 살아간다. 또 가는 곳마다 거친 말과 행동으로 문제를 일으킨다. 윌의 재능을 알아본 한 수학 교수가 그의 그늘과 폭력성이 정신적 문제임을 직감하고 절친한 상담학 교수 숀을 소개한다.

둘은 처음에는 마찰을 겪는다. 하지만 노련한 입담과 인내심으로 숀은 윌을 보듬는다. 어느새 윌도 마음을 열게 된다. 대화를 하면서 숀은 윌도 어릴 적 자신과 같은 상처가 있음을 알게 된다. 알코올 중독자 아버지에게 심한 폭력을 당해 왔던 것이다. 숀은 윌의 상처를 발견하고 분출시킨다. 그 과정에서 윌은 울음을 터뜨린다. 숨기고 억눌러 온 과거를 눈물을 통해 발산한다. 다음 만남에서 윌이 묻는다.

"저 이제 완전히 치료된 건가요?"

숀이 대답한다.

"응, 그래. 말끔히."

윌은 어릴 적 상처, 충격으로 반사회적 인격장애를 갖게 되었다. 자칫 범죄자나 정신이상자가 될 수 있었지만 주변의 도움으로 치료받고 회복되었다. 윌은 운이 좋은 경우다. 보통 숀처럼 노련하고 좋은 전문가를 만나기는 어렵다. 만났어도 마음을 열어 상처에 접근하고 치료되는 것은 기적에 가깝다. 그러나 윌의 치료 과정에 고개가 절로 끄덕여지는 이유는 이 속에 어떤 치유의 원리가 담겨 있기 때문이다. 그 원리란 상처를 객관적으로 바라보고 적절히 처리하는 것이다. 윌은 벽을 허물고 아픈 경험을 있는 그대로 받아들임으로써 마음속 상처에 접근할 수 있었다. 그리고 그 상처를 공감해 주는 사람을 통해 눈물로 분출했다. 이것이 치유의 원리이다.

물론 방금의 묘사가 말처럼 쉽지는 않으나 시간과 함께 치유의 과정이 인격적으로 적용될 때 상처는 아문다.

신앙에도 이와 같은 인격적 과정이 있다. 오히려 신앙이야말로 치유 원리의 모델이 되는 이상적인 치유 과정이라고 할 수 있다. 다음의 과정을 자신의 신앙에 비추어 보며 따라가 보자.

그렇게 심한 일이 왜 나에게 일어난 걸까. 끔찍한 충격과 사건이 어째서 여과 없이 나에게 보여졌는가. 세상이 뒤틀렸기 때문이다. 원래 세상은 흠 없이 온전했다. 하지만 인간이 약속을 어기면서 하나님과 멀어지게 되었다. 그로부터 세상은 뒤틀리고 어긋나게 되었다. 이렇게 하나님과 단절된 것을 성경은 죄라고 한다. 죄 때문에 사람은 하나님과 멀어지게 되었고 세상은 어긋나고 왜곡된 것이다.

죄로 인해 자리 잡은 상처는 다시 악을 낳고 병을 키운다. 의사는 병의 원인을 알면 아픈 부위를 째고 환부를 걷어 낸다. 하지만 마음의 환부는 아무리 뛰어난 의사라도 접근하기 힘들다. 마음이 열려야 상처에 도달할 수 있고 상처를 걷어 낼 수 있다. 신의神醫도 할 수 없는 일을 누가 가능하게 할까? 성경은 예수 그리스도를 통해 가능하다고 말한다. 예수님이 이 땅에 오셔서 한 일, 십자가에서 죄를 온전하게 소멸시키신 일을 통해서 말이다.

신앙이 말하는 인격적 만남은 예수님을 알아 가고 이해하는 과정이다. 이 과정에서 마음이 열리고, 상처의 원인인 죄는 예수님과 함께 십자가에 못 박힌다. 죄는 예수님의 죽음과 함께 온전히 소멸되는 것이다. 이를 치유라고 한다. 또한 신앙은 상처 난 자리에 새살이 돋는 것처럼 우리의 몸이 예수님과 함께 부활할 것이라고 말한다. 복음은 구원을 위해 한 번 사용하고 버리는 일회용이 아니라, 평생을 가까이에 두어야 하는 생명수와 같다.

심장박동과 인생의 리듬

일본 애니메이션 〈그 남자, 그 여자의 사정〉에 이런 이야기가 나온다. 전교 1, 2 등을 다투는 남녀 고교생이 있다. 둘은 서로에게 호감을 느껴 이성 교제를 시작한다. 사귀는 시간은 즐겁다. 그러나 자연스레 공부하는 시간이 줄게 되고 성적은 곤두박질친다. 이 사실을 알게 된 학생 주임 선생님은 두 학생을 호출한다. 크게 혼을 내며 당장 교제를 그만두라고 말한다. 그러나 혈기왕성한 나이에 어른의 훈계가 차분히 들릴 리 없다. 두 학생은 그럴 수 없다며 반발한다. 선생님은 더욱 화가 났고 결국 두 학생의 부모님에게 면담을 요청한다. 다음 날 두 학생은 부모님을 모셔 온다. 주임 선생님은 아이들의 장래를 위해 부모님이 나서 줄 것을 간청한다. 그러자 여학생의 아버지가 차분히 자신의 생각을 전한다.

"딸애는 지금까지 자신의 일을 스스로 결정해 왔습니다. 제가 지시한 적은 한 번도 없습니다. 물론 선생님이 말씀하시는 것도 알겠습니다. 하지만 아이들의 장래를 생각해서 딸아이를 억눌러야 한다고는 생각하지 않습니다. 지금 억압해서 공부를 시키는 것은 아이들의 가능성을 모두 빼앗아 버리는 것과 같습니다. 저는 아이들에게는 자유롭게 생각하거나 느낄 권리가 있다고 생각합니다. 공부는 중요합니다. 하지만 고등학교 때의 하루는 어른이 된 뒤의 한 달보다 훨씬 귀중합니다."

딸의 결정을 존중해 주는 아버지의 변호는 감동적이다. 하지만 아버지의 말은 단순히 감동에서 끝나지 않는다. 아버지는 "고등학교 때의 하루는 어른이 된 뒤의 한 달보다 훨씬 귀중하다"고 했다. 바로 이 말에 중요한 생명과학적 법칙이 숨겨 있다.

심장박동의 속도는 크기와 관계가 있다. 크기가 큰 동물일수록 심장은 느리게 뛴다. 반면 크기가 작은 동물은 심장이 빠르게 뛴다. 쥐는 1분에 600회 정도 심장이 뛴다. 사자는 1분에 60회이다. 몸집이 큰 코끼리의 심장은 1분에 30번 정도 뛴다고 한다. 이렇게 몸집의 크기와 심장박동을 각각의 축으로 나타내면 기울기를 가진 그래프로 표현된다.

이러한 크기와 심장박동의 관계에는 어떤 원리가 있는 걸까? 세포에서 출발해 보자. 세포는 동물 종에 상관없이 그 크기가 일정하다. 코끼리, 사자, 쥐 등 각각의 세포 크기는 큰 차이가 없다. 결국 몸집이 크다는 것은 세포가 큰 것이 아니라 세포 수가 많다는 것이다.

이들 세포에 에너지를 공급하는 것은 심장이다. 물론 몸집에 따라 심장의 크기는 비례한다. 몸집이 크면 심장도 크고, 몸집이 작으면 심장도 작다. 따라서 심장은 세포에 동일한 에너지를 공급할 수 있다. 몸집이 큰 동물은 많은 세포에 에너지를 공급하기에 심장이 크고, 작은 동물은 적은 세포에 에너지를 공급하므로 심장이 작다.

심장이 이들 세포에 에너지를 공급하는 방법은 심장의 펌프질, 즉 심장박동이다. 따라서 몸집 크기에 상관없이 심장박동은 비슷하게 뛰어도 이상할 것이 없어 보인다. 그러나 동물의 크기에 따라 심장박동은 달라진다. 그 이유는 몸집에 따라 세포 운용 방식이 달라지기 때문이다. 쥐와 코끼리는 같은 세상에서 산다. 이들이 축구공 하나를 움직인다고 생각해 보자. 코끼리에게 축구공은 작다. 다리의 일부만 사용해도 충분히 공을 굴릴 수 있다. 반면 쥐가 축구공을 움직이려면 온몸을 사용해야 한다. 이리저리 움직이며 몸의 근육을 모두 사용한다. 몸집이 다른 동물들이 같은 세계에 살기 때문에 이들이 사용하는 활동량은 달라지는 것이다.

이것이 심장박동과 관계가 있다. 크기가 큰 동물은 어떤 활동을 할 때 주로 몸의 일부만 사용한다. 적은 세포만 쓰기 때문에 에너지도 적게 소모된다. 따라서 심장은 느리게 뛴다. 반면 크기가 작은 동물은 같은 활동에도 몸 전체를 써야 한다. 거의 온몸의 세포를 써야 하기 때문에 에너지가 많이 필요하다. 심장은 빠르게 뛴다. 이와 같은 원리로 동물의 몸집이 크면 심장이 느리게 뛰고, 몸집이 작으면 심장이 느리게 뛰는 것이다.

　이 원리는 사람에게도 적용된다. 사람마다 몸집의 차이는 동물의 세계처럼 크게 벌어지지 않는다. 다만 개인에게 큰 차이를 보일 때가 있다. 바로 어른과 아이일 때이다. 갓 태어난 아이는 몸집이 작다. 앞선 원리에 따라 아이의 심장박동은 굉장히 빠르다. 하나의 움직임에도 모든 세포가 동조하여 움직이기 때문이다.

　그런데 여기에 따라오는 삶의 중요한 인자因子가 있다. 시간관념이다. 어렸을 때를 생각해 보라. 하루가 느리게 간다. "시간아 흘러라, 흘러"라고 노래를 불러도 시간은 느리게 간다. 반면 어른이 된 지금은 어떠한가. 시간이 빠르게 간다. 어느덧 점심이고 어느덧 저녁, 밤이 된다. 하루가 짧아졌다고 느끼지 않는가? 이것이 바로 심장박동과 관계가 있다.

　어렸을 때는 빠른 심장박동수에 따라 활동 리듬이 빨랐다. 하나의 활동을 해도 움직임이 빨라 금방 끝마친다. 시계를 봐도 더디 흘러 있다. 반면 어른이 되면 몸집이 커져 심장이 상대적으로 느리게 뛴다. 느린 심장박동으로 활동 리듬은 느려진다. 같은 활동을 해도 움직임이 느리다. 시계를 보니 시간이 한참 지나 있다. 하루가 금방 간다.

　따라서 아이의 하루는 어른보다 길다. 여학생의 아버지가 한 말의 의미는 여기에 있다. 그는 어른일 때 빠르게 지나가는 나날들보다, 같은 하루라도 시간을 길게 쓸 수 어린 날의 하루가 훨씬 소중하다는 의미에서 딸을 응원한 것이다.

시간에 대한 지식은 시간에 대한 활용을 낳는다. 시간을 길게 하는 방법, 하루를 길게 쓰는 방법은 무엇인가? 심장을 뛰게 하면 된다.

───── 카르페 디엠, 시간을 잡아라

영화 〈죽은 시인의 사회〉. 엄격한 교칙과 학습 분위기로 유명한 웰튼 고등학교에 한 괴짜 선생님이 부임한다. 어느 날, 선생님은 학교 전시관으로 학생들을 데리고 나온다. 그리고 말한다.

"장미꽃 봉오리를 따려면 지금. 이런 감정을 라틴어로는 카르페 디엠Carpe diem이라고 하지. 누구 카르페 디엠이 무슨 뜻인지 아는 사람?"

누군가 "시간을 잡아라'입니다"라고 말한다.

"그래. 시간을 잡아라. 시인은 왜 이런 시를 썼을까? 우리가 내일 죽는 사형수와 같은 존재이기 때문이지. 아마 지금은 실감이 나지 않을 거야. 하지만 우리 모두가 언젠가는 숨을 멈추고 차갑게 식어서 죽어 가게 되어 있다. 죽어서 후회해 봤자 소용없는 일이야. 성공이란 것은 중요하지. 하지만 성공을 좇는 데 급급해서 청춘의 꿈을 잃고 기계 부속품 같은 어른이 되는 건 불행한 일이다. 카르페 디엠. 시간을 잡아라. 인생은 한 번 뿐이야. 그리고 자신의 것이지. 후회해선 안 되겠지? 시간을 잡아라."

다소 엉뚱한 수업에 학생들은 의아해한다. 그런데 이 말을 듣고 두 학생이 반응한다. 한 명은 연극이 꿈이지만 아버지의 반대로 주저하고 있었다. 하지만 "시간을 잡아라"라는 말을 듣고 연극 동아리에 들어가 무대에 선다. 또 다른 학생은 좋아하는 여학생이 있지만 수줍음이 많았다. 하지만 역시 "시간을 잡아라"라는 말을 듣고 곧바로 여학생을 찾아가 고백한다. 이들은 "시간을 잡아라"라는 말에 숨겨진 의미를 깨달았기 때문이다.

좋아하는 일을 하는 것. 심장이 두근거리는 일이다. 좋아하는 사람과 함께 있는 것. 가슴 설레는 일이다. 이 두 가지는 모두 심장을 뛰게 하는 일이다. 그렇다. 시간을 잡는 방법은 심장이 뛰는 일을 하는 것이다.

그리고 심장이 뛰는 일에 자연스럽게 따라오는 단어가 있다. 바로 젊음이다. "나 좋아하는 일을 찾았어. 소년이 된 것 같아." "나 좋아하는 사람이 생겼어. 소녀가 된 기분이야." 이렇게 심장이 뛰는 일에 자연스럽게 따라오는 단어는 젊음이다.

내 심장, 내 가슴은 뛰고 있는가. 나이가 어리다고 젊은 것이 아니다. 젊음은 나이가 정하는 것이 아니라 심장이 말해 주는 것이다.

공리주의와 한 생명

나는 열차 기관사이다. 열차는 빠른 속도로 달리고 있다. 그런데 앞쪽을 보니 철로 위에서 다섯 명의 인부가 일을 하고 있다. 소리도 치고 경적도 울렸지만 들리지 않는지 도통 비켜서지 않는다. 어쩔 수 없이 브레이크를 밟는다. 급정거로 승객들이 다칠 수도 있지만 눈앞의 인부들을 치고 지나갈 수는 더더욱 없다. 그런데 브레이크가 말을 듣지 않는다. 이대로 가다가는 다섯 명을 그대로 치게 될 것 같다.

이때 철로 하나가 더 보인다. 다른 방향으로 갈 수 있는 갈림길이다. 다행이다 싶은 순간 자세히 보니 이쪽 철로 위에도 사람이 있다. 한 사람이다. 이 사람도 열차 소리가 들리지 않는 것 같다. 한쪽 철로로 가면 다섯 명을 치게 되고 다른 철로로 가면 한 명을 치게 된다. 당신은 어떤 선택을 하겠는가?

이 딜레마는 마이클 샌델의《정의란 무엇인가》에서 다루는 유명한 질문이다. 앞선 두 가지 선택지에서 일반적으로는 한 명을 희생하고 다섯 명을 살리겠다고 한다. 샌델은 이들 판단 기준에 결과론적 도덕 명령이 작용했기 때문이라고 지적한다. 즉 한 명보다 다섯 명을 살리는 것이 결과적으로 더 많은 사람을 살리게 되고, 이 다수라는 결과에 옳은 판단이라는 정당성을 부여한 것이다.

앞서 보았듯, 이 결과론적 도덕 명령은 많은 사람의 판단 기준에 내재되어 있다. 그리고 이를 발전시켜 하나의 사회적 이념으로 발전시킨 학자가 있었다. 제레미 벤담과 존 스튜어트 밀이다. 이들은 사회를 운영하는 도덕 기준 근거를 결과론적 도덕 명령에 두었다. 이들은 사람들이 범용적으로 적용할 수 있는 사회적 기준을 제시한다. 최대다수의 최대행복이다. 이에 기초를 둔 사회 이념, '공리주의'이다.

최대다수의 최대행복이란, 보다 많은 사람이 더 큰 유익을 누리면 그것이 도덕적으로 옳다는 판단 기준이다. 이는 소수의 사람이 불행해지더라도 많은 사람이 행복하면 괜찮다는 의미를 내포하고 있다.

공리주의자들은 판단을 쉽게 하기 위해 행복이나 가치를 숫자로 바꾼다. 이들의 작업은 쉽게 숫자화되는 돈과 자연스레 결부된다. 세상의 모든 개념이나 가치가 가격으로 매겨진다. 이 작업은 생명의 가치 또한 가격으로 나타낸다. 다음은 국내의 한 정책연구서에 제안된 생명의 가치이다.

> 생명의 가치=사망이 발생하지 않았을 때 그 생명이 일생 동안 벌어들일 수 있는 장래 기대 소득을 현재 가치로 환산한 액수

잘 알려져 있듯이 광우병은 소가 점차 신경이 마비되어 죽는 병이다. 1984년 영국의 한 농가에서 최초로 이러한 증상을 보이는 소가 보고되었고, 의료진이 해당 소의 뇌를 해부한 결과 스펀지처럼 구멍이 나 있었다. 정식으로는 소해면상뇌병증[20]이라고 한다. 원

인은 동물성 사료에 의한 단백질 변형으로 보고 있다. 우유 등의 축산 생산량을 늘리기 위해 양과 소에서 기인한 가공 사료를 먹인 것이 병을 불러온 것이다.

　이러한 소에서 생산된 축산물을 먹는 것만도 상당히 께름칙한데 더 큰 문제는 광우병에 걸린 소를 먹은 사람도 광우병과 비슷한 병에 걸린다는 것이다. 변종 크로이츠펠트-야곱병[21]이라고 하며, 발병 특성상 인간 광우병이라고도 한다. 사람들은 경제를 위해 생태계 교란을 조작한 인간이 천벌을 받은 것이라 우려하고 있다.

　문제는 축산이나 무역 등 경제적 가치를 오도한 공리주의가 반성을 주저하게 한다는 점이다.

　"광우병이 발생한 일본에서 쇠고기를 먹고 광우병에 걸릴 확률은 48억 8,400만 분의 1이며, 미국산 쇠고기를 통해 감염될 확률도 마찬가지."

　광우병이 발발했을 때 가장 논란이 되었던 말이다. 확률 자체는 틀리지 않는 것 같다. 실제 광우병으로 사망한 사람은 200여 명이다. 전 세계 인구를 60억 명이라고 할 때 광우병이 발병하고부터 태어나고 죽은 사람의 수를 감안하면 저 확률이 크게 틀리지는 않을 것이다. 그러나 논란은 확률의 진위 자체가 아니다. 위의 주장이 공리주의적 생각에 뿌리를 두었다는 것이다. 소수의 사람이 광우병으로 인해 고통을 받더라도 보다 많은 사람이 맛있는 소고기를 맛볼 수 있으니 찬성한다는 것이다.

　하지만 아무리 열렬한 공리주의의 지지자라도 이 주장에 찬

성할 수 없는 경우가 있다. 한 생명이다. 광우병에 대한 논란과 우려가 확산되던 1990년 영국. 존 거머 농수산식품 장관은 출마 후 소고기가 안전하다며 시민을 설득했다. 선거 유세에서는 자신의 딸 코델리아와 함께 소고기를 먹는 모습을 보이기도 했다.

그리고 17년이 지난다. 존 거머는 광우병으로 숨져 가는 한 여성을 보게 된다. 자신의 오랜 친구의 딸인 빅토리아였다. 50억만 분의 1의 확률로 친구의 딸이 죽어 가는 것을 보며 거머는 느낀 바가 많았을 것이다. 비록 선거 유세에 내세웠지만 그에게도 딸은 누구보다 소중할 것이기에.

사람에게는 누구나 세상 무엇과도 바꿀 수 없는 한 생명이 있다. 자신이 사랑하는 사람이다. 공리주의는 한 생명 앞에서 무릎 꿇게 된다.

공리주의는 많은 논란을 낳았다. 하지만 한 생명 역시 사회적 입장에서 보면 모순을 불러일으킨다. 한 생명만 귀하게 여기는 생각은 질서나 공동체 연합을 부정할 수 있기 때문이다. 이에 대한 극단적인 예가 영화 〈라이언 일병 구하기〉이다.

라이언이라는 성을 쓰는 네 형제가 있다. 2차 세계대전 중 세 형제가 전사한다. 사정을 알게 된 사령관은 "네 형제를 둔 어머니에게 네 아들의 전사 소식을 전할 수는 없다"며 남은 한 형제의 무사생환을 명령한다. 참모진이 소재를 알아본 결과 그는 아직 살아 있었지만 치열한 접전 지역에 있었다. 사령부는 그를 구출해 올 것을 명령한다. 임무를 담당하게 된 밀러 대위는 급히 10여 명의 소대원을 구성해 위험 지역으로 침투해 들어간다.

한 생명을 구하기 위해 10여 명을 사지로 투입한다. 이해할 수 없는 명령에 소대원들은 혼란스러워한다. 실제 소대원들은 하나둘씩 전사한다. 결국 라이언 일병을 포함한 소수만 살아남아 귀환한다. 이를 보는 관객들도 의아하기는 마찬가지다. 극단적으로 한 생명을 강조하는 것 또한 모순이 아닌가.

사실 영화 〈라이언 일병 구하기〉에서는 '한 명이냐 다수이냐' 라는 숫자로 접근한 것이 아니다. 숫자 논리에서 빠져나오자. 이 영화에서 묻는 것은 보다 심오한 인간 사회의 철학, 즉 '자신이냐 타인이냐'라는 질문이다.

내가 살고자 하면 죽고, 죽고자 하면 살 것이다.

이순신 장군의 말이다. 자기의 생명만 소중히 여긴다면 이기심과 분열을 낳고 공동체가 붕괴된다. 반면 자기의 생명이 아닌 다른 사람의 생명을 소중히 한다면 그로부터 유대감이 생긴다. 전우애가 싹트고 단결력으로 뭉쳐진다. 이는 강한 국력이 된다. 그 과정에서 내 생명이 희생될 수 있다. 그러나 내가 사랑하는 사람은 지켜 줄 것이다. 우리가 알고 있는 슬픈 역사들은 쉽게 반복되지 않을 것이다.

처음의 딜레마로 돌아가 보자. 한쪽 철로에는 다섯 명이 있고 반대편 철로에는 한 명이 있다. 그런데, 이 다섯 명. 자세히 보니 나를 배신하고 부정하고 무시했던 자들이다. 또 자세히 반대편 한 명을 보니, 이게 어찌된 일인가. 그 한 명은 내 아들이다. 사랑하고 아끼는 내 아들이다. 선택은 물어볼 것도 없다. 당연히 내 아들을 살릴 것이다. 그런데 성경은 아들을 희생하고 다섯 명을 살린 분이 있다고 말한다. 바로 하나님이다. 희생된 아들, 예수 그리스도이다. 성경은 그 순간을 다음과 같이 묘사하고 있다.

> 그는 멸시를 받아 사람들에게 버림받았으며 간고를 많이 겪었으며 질고를 아는 자라 마치 사람들이 그에게서 얼굴을 가리는 것같이 멸시를 당하였고 우리도 그를 귀히 여기지 아니하였도다
> 그는 실로 우리의 질고를 지고 우리의 슬픔을 당하였거늘 우리는 생각하기를 그는 징벌을 받아 하나님께 맞으며 고난을 당한다 하였노라
> 그가 찔림은 우리의 허물 때문이요 그가 상함은 우리의 죄악 때문이라 그가 징계를 받으므로 우리는 평화를 누리고 그가 채찍에 맞으므로 우리는 나음을 받았도다
> 우리는 다 양 같아서 그릇 행하여 각기 제 길로 갔거늘 여호와께서는 우리 모두의 죄악을 그에게 담당시키셨도다
> 그가 곤욕을 당하여 괴로울 때에도 그의 입을 열지 아니하였음이여 마치 도수장으로 끌려가는 어린양과 털 깎는 자 앞에서 잠잠한 양같이 그의 입을 열지 아니하였도다(사 53:3-7).

하나님께서 왜 이런 선택을 하셨는지 모르겠다. 분명한 것은

우리가 살았다는 것이다. 그럴 만한 가치가 없음에도 말이다.

_____ 태안 기름 유출 사건에서 본 소망

2007년 12월, 충남 태안에 유조선 충돌 사고가 발생한다. 정제되지 않은 8만 배럴의 석유가 바다로 유출되었고 해류를 따라 인근 연안으로 급격하게 퍼져 갔다. 언론은 연일 이곳의 정황을 주요하게 보도했고 정부는 서둘러 주변 일대를 특별재난지역으로 선포했다.

생태계는 갑작스러운 검은 침입자로 죽음의 터가 되었다. 전문가들의 의견이 잇따랐다. 적어도 10년은 지나야 비로소 모든 생물이 회복 단계에 접어들 것으로 전망했다. 20년이 지나면 원상회복될 수 있지만 피해 정도가 심한 일부 지역은 회복이 불가능할 수 있다고 전망했다. 태안 기름 유출 사고는 환경 재앙에 가까운, 역사에 남을 만한 큰 사건이었다. 유출된 기름의 양이나 피해 규모가 상당했기 때문이다.

그러나 안타까운 소식만 있는 것은 아니었다. 많은 사람이 소식을 접하고 태안으로 향했다. 자원봉사자들이었다. 태안 사고가 역사에 남을 수 있던 것은 피해 규모보다 봉사자들의 헌신이 컸기 때문이 아닐까 한다. 사고를 접하자마자 태안으로 달려간 수많은 사람들. 그들의 모습에는 감동을 넘어 역사에 길이 남을 고귀한 가치가 담겨 있었다.

자원봉사자들의 주된 일은 손으로 해안에 번진 기름을 제거하는 작업이었다. 해류를 따라 확산된 기름을 제거하는 방법은 수작업이 빠르고 확실했기 때문이다. 그처럼 고생스럽고 시간이 오래 걸리는 작업을 어째서 사람들은 주저하지 않고 했던 것일까. 당시 태안 어민으로 기름 제거 작업을 하던 할머니가 기자에게 이런 말씀을 하셨다.

"나는 죽을 날이 멀지 않았네. 총각은 어리지 않은가. 여기가 깨끗해지는 것을 볼 수 있잖은가. 그게 10년이 걸리든, 20년이 걸리든 바다는 다시 깨끗해질 것이네. 그때 애들 손잡고 꼭 한번 다시 여기를 찾으라고."

앞서 전문가도, 그리고 할머니도 미래를 내다보았다. 10년, 20년 후를 바라보는 시선이었다. 그러나 두 시선은 전혀 달랐다. 전문가들은 겨우 회복되거나 일부는 불확실하다며 고개를 내저었지만, 할머니는 바다가 분명 다시 깨끗해질 것이라고 확신하셨다. 평생 자연과 벗하며 살아온, 삶이 가르쳐 준 지혜의 말씀이었다. 전문가와 할머니의 시선 사이에는 하나의 단어가 있다. 소망이다. 사람들이 수고스러운 일을 마다하지 않고 태안으로 간 이유는 소망 때문이었다.

사람이 소망을 품으면 어떤 어두운 상황에서도 삶의 한 걸음을 내딛는다. 반면 소망을 잃은 사람은 기력을 잃고 삶을 마감하려 한다. 소망은 생명과도 같다. 따라서 소망은 생명처럼 다루어야 한다. 막상 소망을 품는다고 해도 생명력 없는 소망은 오히려 사람을 죽이기도 하기 때문이다.

베트남 전쟁 중 포로로 잡힌 미 장교가 있었다. 그는 포로수용소에 갇혀 있는 8년 동안 하나의 특이한 현상을 지각한다.

"오랜 포로 생활을 견뎌 내지 못한 자들이 있었습니다. 낙관주의자들이었습니다. 그들은 '크리스마스 때까지는 나갈 거야' 하고 말했습니다. 그러다가 크리스마스가 지나갑니다. 그러면 그들은 '부활절까지는 나갈 거야' 하고 말합니다. 그리고 부활절이 지나갑니다. 다음에는 추수감사절. 그러고는 다시 크리스마스를 고대합니다. 그러다가 상심해서 죽습니다."

이들이 소망을 가졌음에도 죽게 된 이유는 무엇일까? 계율이다. 계율이 소망이라는 단어 속에 있던 생명의 요소를 죽였기 때문이다.

"소망에서 생명의 요소를 제거하면 어떻게 될까요. 나와 당신이 친구라면, 우리에게 기대감이 존재해요. 서로를 마주보고 있을 때나 떨어져 있을 때도 우리에겐 함께 웃고 떠들 거라는 기대감이 있죠. 구체적으로 정의되지 않지만 살아 있고 역동적이죠. 그런데 우리 관계에 갑자기 계율이 들어오게 돼요. 이제 우리는 무언가를 충족시켜야 해요. 그렇게 살아 있는 우리의 우정은 규칙과 요구사항이 딸린 죽은 것으로 급속히 변질되고 마는 것이죠."

생명의 요소를 갖는 단어가 있다. 기대감, 관계, 소망. 이런 생명의 의미를 포함한 명사에 계율이 들어오면 그 명사가 가졌던 생명의 요소는 죽게 된다. 앞서 포로들은 생명의 속성을 가진 소망에 계율을 집어넣었다. 그러자 요구사항과 의무가 생긴 죽은 것으로 소망은 변질된 것이다. 생명의 속성을 가진 것은 생명처럼 다루지 않으면 죽어 버린다. 소망은 생명의 속성을 지녔다. 소망이 죽은 사람은 그 소망과 함께 죽는다.

환경 사건이 터지면 그래도 사람들은 회복에 대한 소망을 품는다. 어떻게든 해보려고 한다. 그런데 누군가 와서 만류한다. 이들은 꼭 계율을 들먹인다.

"회복하려면 10년, 20년은 걸릴 수도 있고, 그마저도 확실하지 않아요. 그 안에 투입되는 시간, 수고, 물질 등을 생각해야지요."

앞선 상황에서 '환경'을 '아기'로 바꿔 생각해 보자. 스스로 자정 능력을 잃어버린 환경은 어른의 손길이 절실한 아이와 처지가 비슷하다.

"당장 옆에 붙어서 보살피지 않으면 안 되는군. 성장하려면 20년이 넘게 걸릴 거야. 그렇다고 엇나가지 않고 바르게 성장한다는 보장도 없어. 그 안에 투입되는 노력, 마음고생, 돈 등을 생각해야 해."

이렇게 말하는 부모가 있을까? 부모라면 '이 아이는 분명 바르게 커서 사랑받고 사랑을 주는 귀한 어른으로 성장할 거야'라는 소망을 품고 길러 낼 것이다. 그렇게 소망으로 길러져서 성장한 아이가 바로 우리다. 우리는 소망의 결정체다. 사람들이 태안으로 달려간 이유는 그들이 소망으로 길러졌기 때문이다. 소망의 결정체이기 때문에 소망으로 반응한 것뿐이다.

_____ 새로운 환경문제의 출현

새로운 환경문제가 출현하고 있다. 대표적인 예가 소음과 빛이다. 소음은 이전부터 환경문제로 지적되어 왔다. 비행장이나 도로, 공사장 인근에서 발생하는 소음, 즉 인간이 불편함을 겪는 소음이었다. 하지만 생태학자들은 소음이 인간보다 생물에게 더 큰 문제라고 지적한다.

소리를 통해 정보를 얻거나 방향을 감지하는 생물들이 있다. 이들에게 지속적으로 들리는 인위적 소리는 활동에 방해가 된다. 생태학자 고든 햄튼은 미국 워싱턴 내 인위적 소음이 들리지 않는 곳이 30년 사이 21곳에서 3곳으로 줄었다고 보고했다. 이는 소리로 활동하는 생물들이 더 큰 혼란을 겪고 있음을 의미한다.

빛 공해 또한 문제가 되고 있다. 빛은 인류의 활동 범위를 넓혀 준 고마운 존재다. 하지만 소리와 마찬가지로 빛을 통해 활동하는 생물체가 있다. 이들에게 인공적 빛은 큰 악영향을 준다.

생물만이 아니다. 인간 또한 생체리듬이 있다. 24시간 방출되는 빛은 신체에 미묘한 영향을 준다. 이것이 지속되면 수면장애나 신경장애, 여성의 경우에는 유방암의 발병률이 높아진다.

지난 한 세기 동안 물, 대기, 생태계 교란 등 다양한 환경문제가 등장했다. 이제 그에 대한 연구가 나오고 대처 방법이 어느 정도 정립되었다. 그런데 전혀 새로운 또 다른 형태의 환경문제가 출현하고 있다. 이쯤 되면 인간도 지칠 만하다. 고민의 관점을 바꿀 필요가 있다. 환경문제를 해결하는 근본적인 방법은 없을까? 수동적으로 환경문제에 끌려가는 것이 아니라 근본적으로 환경문제에 접근해서 해결할 수 있는 핵심적 원리는 없는 것일까?

《식객》의 주인공 성찬에게서 그 해결의 실마리를 찾아보고자 한다. 쌀 개방 소재를 다룬 에피소드에서 성찬은 다음의 여섯 가지 이유를 들어 쌀 자급화를 강조한다.

첫째, 쌀을 제외하면 우리나라 곡물 자급률은 10% 이하입니다. 우루과이 라운드 협상 타결로 모든 농산물의 수입 개방이 된 상황에서 쌀은 우리의 식탁을 지키는 마지막 보루입니다.

둘째, 벼농사는 홍수 조절 기능을 합니다. 전국 110만ha의 논에 가둘 수 있는 빗물의 양은 36억 톤으로 춘천댐 총 저수량인 1억 5천만 톤의 24배나 됩니다. 홍수 피해 감소 효과를 금액으로 따지면 1조 5천 8백억 원. 논의 저수 능력을 댐 건설 비용으로 따지면 15조 5천 340억 원이나 됩니다.

셋째, 논의 지하수 저장 능력은 기존 저수지 저수량의 3~4배나 됩니다. 논물 가운데 45%가 지하로 저장되어서 국민들의 물 문제를 해결해 주죠. 이는 소양강댐 저수량의 8.3배, 전국 수돗물 사용량 58억 톤의 2.7배의 어마어마한 양입니다.

넷째, 대기 정화 기능입니다. 벼는 지구상 식물 중 가장 많은 산소를 공급하고 가장 많은 탄산가스를 흡수합니다. 산소 방출량을 금액으로 따지면 5조 2천 8백억 원으로 추정하는 학자도 있습니다.

다섯째, 한여름 대기 냉각 기능입니다. 여름철 전국의 논에서 대기로 증발되는 물의 양은 하루 8천만 톤입니다. 이것이 뜨거운 대기의 온도를 낮추어 줍니다.

무엇보다도 제일 중요한 건, 1991년 6월 경기도 일산에서 볍씨가 출토되었는데 연대·측정을 해본 결과 4,500~5,000년 전 것이라고 밝혀졌어요. 이렇듯 벼농사는 우리 민족의 뿌리며 혼입니다. 지켜야지요.

성찬의 주장은 크게 여섯 개의 키워드로 정리할 수 있다. 곡물 자급률, 홍수 조절, 대기 냉각, 지하수 저장, 대기 정화, 한민족 문화. 이는 대부분 환경문제에 관련한 내용이다. 참고로 곡물 자급률은 우리 땅에서 난 생산물을 이용하자는 로컬 푸드 운동과 관련이 있다. 이 운동에는 주로 환경 단체가 앞장서 있다.

그런데 한 요소가 환경문제로 꿰어지지 않는다. 바로 한민족 문화이다. 이는 환경문제와 관련이 없어 보인다. 성찬은 어떤 이유로 이 항목을 포함했을까?

결론은 단순하다. 이들을 꿰는 핵심은 환경문제가 아니라는 것이다. 여섯 가지 키워드를 환경문제로 꿰려면 엮을 수 없다. 다만 다른 것으로 꿰면 엮을 수 있다. 바로 인간이다. 홍수가 지구 생명체 모두의 단어일까? 아니다. 개미에게는 1리터의 물도 거대한 홍수 같은 물벼락이다. 곡물, 대기 냉각, 지하수, 대기 정화…. 모두 인간의 관점에서 본 단어들이다. 즉 여섯 항목을 모두 꿰는 단어는 인간이다.

환경문제의 근본적 원인은 인간에게 있다. 앞서 살펴본 환경문제. 표면적으로 환경문제였지만 좀더 깊게 살펴보면 단순한 환경문제가 아니었음을 알 수 있다. 숫자와 공리주의에 빠진 인간, 생명의 의미를 잃은 인간. 모두 인간의 문제로부터 환경문제가 발생했음을 알 수 있다. 환경문제의 근본적 원인은 인간, 그 자신에게 있었다는 것이다.

───────── 경제 논리가 지배하는 생태계

영국의 음반 회사인 버진레코드 사장 리처드 브랜슨. 그는 회사가 어느 정도 자리를 잡고 궤도에 오르자 임원진을 불러 신규 사업을 제안한다. 그가 제안한 분야는 항공 사업이었다. 주변 사람들은 만류했다. 당시 중소 항공사 스카이트레인이 대형 항공사인 브리티시 에어웨이의 견제로 파산한 직후였기 때문이다.

배짱인지 고집인지 브랜슨은 사업을 추진하겠다는 의지를 표한다. 그의 뜻을 꺾을 수 없다고 판단한 임원들은 기로에 섰다. 그의 뜻에 찬성하는 사람들은 남았고, 반대하는 사람들은 고민 끝에 자신의 지분을 팔고 회사를 떠났다.

주변의 우려 속에 브랜슨은 항공 사업을 시작한다. 결과는 대성공이었다. 혁신적 서비스와 틈새 마케팅으로 무장한 그의 항공사는 업계에서 자리를 굳힌다. 브랜슨은 사장에서 버진그룹의 회장이 된다.

비록 성공으로 마무리되었지만 항공 사업 전에 지분을 팔고 떠난 임원진 입장도 충분히 공감할 수 있을 것이다. 아무도 브랜슨의 성공을 장담할 수 없었기 때문이다. 단순히 배짱이나 운에 재산을 투자할 만큼 그들의 판단은 녹록하지 않다.

그러나 브랜슨의 성공은 배짱이나 운 때문이 아니었다. 그는 사업이 실패하는 극단적 경우를 고려하여 그에 대한 손실 규모를 조사해 보았다. 분석을 통해 미래를 전망하고 합리적으로 결정을 이끌어 낸 지혜였다. 조사 결과 손실액은 현재 자신이 벌어들이는 수입의 3분의 1 수준임을 알았고, 이는 자신이 충분히 감당할 수 있다고 판단했다. 그는 위험 요소를 파악하고 관리하는 데 노력했고, 그의 역량이 빛을 발해 성공을 이뤄 낸 것이었다. 막연한 두려움으로 회사를 떠난 임원들은 지분의 열 배 이상을 벌 기회를 놓쳤다.

앞서 브랜슨이 손실 규모를 파악하고 현재를 근거로 미래를 전망했다고 말한바 있다. 이것이 다름 아닌 경제학이다. "자원은 희소하다." 경제학 공부를 시작하면서 배우는 말이다. 세상에는 모두가 충분히 누릴 수 있을 만큼 자원이 풍족하지 않다. 원하는 모든 것을 소유하지 못하기 때문에 경쟁해야 한다. 가장 원하는 것을 선택하고 그 외 것은 포기해야 한다. 따라서 어떤 것이 더 가치가 있는지 선택해야 한다.

경제학이 등장하게 된 배경은 이 때문이다. 제한된 여건에서 가능한 정보를 모으고 가치를 정확하게 판단하여 최선의 선택을 이끌도록 돕는 학문, 이것이 바로 경제학의 본뜻이다. 브랜슨은 경제학을 정확히 이해했다. 그리하여 자신이 필요할 때 효과적으로 활용할 수 있었던 것이다.

선택에는 두려움이 따른다. 사람은 미래에 대한 두려움을 갖고 있지만 지금 이 순간 미래를 결정해야 한다. 결국 지금의 결정이 미래의 성공 여부를 판가름한다. 경제학은 선택에 필요한 정보와 가치를 부여함에 있어 명확한 방법을 제시한다. 미래를 전망하고 선택에 대한 길을 제시함으로 막연한 두려움을 없애 준다. 사람들은 이런 경제학에 열광하기 시작했다.

경제학은 돈과 만난다. 판단 기준이 숫자일 때 명확하고, 편리하고, 신속하기 때문이었다. 비슷한 배경에 공리주의가 있었다. 공리주의는 모든 선택지를 숫자화하여 가치판단을 제시했다. 경제학은 돈과 공리주의와 만나 세상을 지배한다. 결국 두려움을 이기는 방법은 돈이라는 인식이 생겨나게 된다. 어느새 경제학은 돈을 많이 벌고 쌓는 기술로 변질되고 만다.

경제와 자연의 가치를 결정해야 할 때 비유적으로 저울을 예로 든다. 저울 한쪽에는 돈을 올려놓고 한쪽에는 자연을 올려놓는다. 그리고 경제와 자연 사이에서 저울질하며 고민한다. 하지만 돈은 경제가 아니다. 저울일 뿐이다. 돈은 가치가 숫자화된 왜곡이며 탐욕이고 두려움일 뿐이다.

이제 본모습을 알았으니 경제학을 원래의 크기로 돌려놓아 보자. 경제학은 돈의 학문이 아니라 선택의 학문이다. 선택에 있어 나름의 명확한 기준이 있다면 굳이 경제학의 도움을 받지 않고 자유로이 선택할 수 있다. 경제학은 선택을 위한 도구임을 자각하여 세상의 지배를 풀고 제자리로 돌아가야 할 것이다.

그렇다면 선택은 어떻게 해야 하는 것일까? 선택의 과정에서 사람들은 두려움을 느낀다고 했다. 그런데 오히려 반대이다. 두려움이 선택을 가져온다. 선택은 감정에서 시작하기 때문이다.

오랫동안 사람들은 합리적인 선택에는 감정을 배제하고 이성을 작동해야 한다고 믿어 왔다. 그런데 선택에는 감정을 배제할 수 없는 치명적 상관이 있다. 선택은 감정과 이성의 불가분 관계에 놓여 있기 때문이다.

의사가 행동 장애를 보이는 한 환자를 진찰했다. 뇌 기능이나 사고에는 문제가 없었다. 하지만 환자가 보이는 이상행동이 있었다. 선택을 못한다는 것이었다. 환자는 우유부단함을 넘어 사소한 결정도 하지 못해 몇 시간을 보냈다. 그리고 엉뚱한 결정으로 자신의 인생을 망치기도 했다.

의사는 이 환자에게서 또 다른 특징도 발견했다. 감정이었다. 환자는 감정이 메말라 있었다. 끔찍한 사건이나 슬픈 이야기에도 전혀 동요하지 않았다. 자신이 어떤 감정으로 반응해야 하는지 알면서도 실제로 표현하지 못했다. 의사는 비슷한 사례를 보이는 환자들을 관찰한 후 연구 결과를 발표한다. 선택은 이성적 판단만으로 결정되지 않는다. 선택은 상당 부분 감정에서 온다.

이러한 사실은 우리의 모습에서도 쉽게 찾을 수 있다. 선택지를 놓고 고민하는 순간 두렵고 걱정되는 것 같지만 사실은 두렵기에 선택하는 것이다. 만약 미래가 든든하고 만족하고 있다면 대학이나 취업 선택을 고민할 필요가 없을 것이다. 불안하기에 대학을 선택하고 취업을 고민한다.

선택은 어째서 감정에서 오는 것일까. 창조의 원리를 따라가면 쉽게 답을 얻을 수 있다. 인류 조상이 죄를 짓자 하나님은 이들을 천국에서 쫓아내셨다. 그러나 그들을 그냥 내버려둘 수 없어서 하나님은 이들이 다시 자신에게 돌아오도록 두 가지를 인간의 몸에 장치하셨다. 첫 번째는 사람의 마음에 하나님만 채울 수 있는 '빈자리'를 만들어 두신 것이다. 이 빈자리가 채워지지 않을 때 사람은 감정적으로 불안해진다. 격해지거나 슬퍼지기도 하고 초조해지기도 한다. 두 번째 장치는 이 불안한 감정을 통해 '선택'하도록 하신 것이었다. 하나님을 선택하도록 말이다.

사람은 빈자리가 채워지지 않을 때 감정적으로 요동한다. 하나님을 선택해야 평안할 수 있다. 하지만 세상은 엉뚱한 것을 선택하도록 유도한다. 유행, 명품, 자동차, 집 등. 인간이 만들어 낸 무언가로 그 빈자리를 채우게 한다. 하지만 감정은 정리되지 않고 더욱 요동친다. 세상은 더 새롭고 화려한 것을 선택하도록 유혹한다. 이 과정이 반복되고 정도가 심해지면서 자연이 훼손되고 환경오염이 시작된 것이다.

하나님을 선택해야 한다. 그래야 빈자리에서 오는 불안함이 사라지고 안정이 된다. 그때부터 인류를 피곤하게 하고 자연을 파괴했던 선택들은 사라지는 것이다.

──────── 발전의 지표는 무엇일까?

콜롬비아 중심부로부터 동쪽 멀리 위치한 가비오따스는 인간과 환경의 공존을 꿈꾸는 사람들에게 유토피아 같은 곳이다. 동력이 필요 없는 기계나 태양전지, 풍력발전 등 화석연료에 대안하는 기술을 개발하고 실제 활용하는 환경 공동체이기 때문이다.

이곳의 설립자는 파올로 루가리로 콜롬비아 유력 집안에서 고급 교육을 받은 엘리트였다. 그런 그가 가비오따스를 건립하고 독특한 삶을 걸어온 이유가 있다. 그는 젊었을 때 운하 건설을 위해 열대우림으로 파견된 적이 있었다. 토목공사로 변해 가는 인디언 정착지를 둘러보면서 그는 다음과 같은 의구심을 품었다.

'개발로 인해 정작 행복해지는 사람은 누구일까?'

그는 15살 무렵의 기억을 더듬는다. 아버지와 함께 참석한 저녁 만찬. 유력 집안답게 콜롬비아를 대표하는 정치가, 고위 관료 등이 모여 식사를 하고 있다. 그러나 어린 그의 시선을 사로잡은 것은 엉뚱한 사람이었다. 프랑스 해군 함장을 지냈으며 파리 인문 연구소에서 강의를 하고 있던 루이 르브레 신부였다. 분위기가 무르익자 르브레 신부는 참석한 정치가, 관료들에게 질문을 던진다.

"발전이라는 말을 어떻게 정의하시겠습니까?"

침묵을 깨고 건설부 장관이 대답한다.

"1인당 포장도로 면적이 얼마나 되느냐입니다."

신부는 고개를 가로저었다.

"1인당 병상 수를 가지고 판단합니다."

보건부 장관이 말했지만 르브레 신부는 다시 고개를 저었다. 재무장관이 국민총생산량이라고 대답하고, 국립 은행장이 재정을 기간 시설에 투자한 비율이라고 말했지만 신부는 동의하지 않았다. 마침내 르브레 신부가 입을 열었다.

"발전이란 사람들을 행복하게 해주는 것입니다. 길을 닦거나 공장을 세우는 데 자금을 쏟아붓기 전에, 국민이 정말로 원하는 게 무엇인지 알아보아야 합니다."

발전은 사람들을 행복하게 해주는 것이다. 이상적이지만 한 편으로는 동화 같은 이야기로 들린다. 동의하는 사람도 있겠지만 구체적인 답을 기다렸다면 싱겁다며 웃음만 지어 보일 수도 있다. 하지만 행복은 인간을 풀어내는 굉장히 유효한 접근이며 그 안에 발전의 실마리가 있다. 이제부터 행복과 인간에 대해 각각 접근해 보겠다.

행복이란 무엇일까? 드라마, 영화 등에서 행복을 표현하는 장면은 곧잘 등장한다. 드라마 〈눈의 여왕〉에서 한국 출신의 젊은 수학 박사가 학계에서 난제로 알려진 수학 문제를 해결하고 외국의 저명한 학술상을 수상한다. 이 소식은 국내에 알려져 그가 귀국하자마자 기자회견이 열린다. 회견장에서 각종 질문들이 쏟아진다. 그리고 회견이 끝나려는 즈음 한 고등학생이 박사에게 묻는다.

"수학을 좋아하는 이유가 있습니까?"

그러자 잠시 생각하던 박사가 답한다.

"수학을 좋아하는 이유. 제가 아는 사람이 같은 질문을 했어요. 그때 '수학에 답이 있어서'라고 했는데, 지금 생각해 보니 답이 있고 없고는 중요하지 않은 것 같아요. 제가 수학을 좋아하는 이유는 행복했기 때문이에요. 답이 있어서 행복했던 게 아니라 답을 찾는 과정, 그 자체가 저한테 행복이었습니다."

'답을 찾는 과정에서 행복했다.' 행복의 실마리가 보이는 듯하다.

영화 〈빌리 엘리어트〉. 영국 탄광촌에 사는 빌리라는 소년은 체육관에서 억지로 권투를 배우고 있다. 그러나 그에게는 권투보다 같은 체육관 내 한 켠에서 여자아이들이 연습하는 발레에 더 관심이 있다. 몰래 춤 연습을 하던 그는 결국 발레 선생님과 아버지에게 재능을 인정받는다.

소년은 런던 왕립 발레 학교에서 면접을 보게 된다. 그리고 심사위원들 앞에서 자신의 춤을 보여 준다. 몰입해서 춤을 추느라 흥분이 가시지 않은 소년. 그의 춤을 본 후 인터뷰가 이어진다. 질문들에 대해 딱히 시원스러운 대답을 하지 못하자 약간 답답한 분위기가 이어진다. 인터뷰가 마무리될 즈음 마지막으로 한 심사위원이 묻는다.

"춤을 출 때 어떤 기분이지?"

소년이 말한다.

"모르겠어요. 그냥 기분이 좋아요. 조금은 어색하기도 하지만, 한번 시작하면 모든 걸 잊게 되고… 그리고… 사라져 버려요. 사라져 버리는 것 같아요. 몸 전체가 변하는 기분이죠. 마치 몸에 불이라도 붙은 느낌이에요. 전 그저… 한 마리의 날고 있는 새가 되죠."

앞선 수학 박사와 소년에게서 느껴지는 공통된 감정에 행복이 있다. 인간이 느끼는 행복의 감정을 학술적으로 연구했던 인문학자, 심리학자들은 행복에 대해 공통되고 보편적인 정의를 다음과 같이 질문의 형태로 결론지었다.

밥 먹는 시간도 잊고 시간 가는 줄도 모르고 누군가 당신을 부르는 소리를 듣지 못한 채 뭔가에 몰입해 본 경험이 있나요?

행복의 정의는 이 질문에 개인이 답하는 것이다. 사람마다 천차만별이겠지만 자신이 인생에서 찾아낸 그 답으로 위의 질문이 설명하는 상태를 경험하게 된다. 이를 플로우flow라고 한다. 화가들이 온전히 그림에 빠져들어 캔버스에 몰두한 채 붓질에 전념하는 모습에서 착안한 용어이다. 플로우 상태에서는 시간이 멈춰 버린 느낌이 든다. 시간이 사라진다. 곧이어 주변 환경마저 사라져 버린다. 플로우는 대상과 나만 남게 한다. 이윽고 나마저 사라져 버린다. 오직 대상만 남게 된다. 박사가 말한 행복과 소년이 춤을 추고 있을 때 기분은 바로 이 플로우였다. 수학 문제에 몰두하고 있는 박사와 춤을 추는 동안의 소년. 이 둘은 그 누구도 부러워하지 않고 가장 충만한 행복의 감정을 누리고 있었던 것이다.

이제 인간에 대해 접근해 보자. 한 여성을 예로 들어 보자. 두 번의 이혼 경력이 있다. 은행 잔고는 16달러이고 애가 셋이다. 그중 한 아이는 옆에 붙어서 돌봐야 하는 젖먹이다. 옷차림이나 말투도 좋지 않고 성격도 드세다. 특별한 학위나 기술도 없다. 이 여성에게 희망의 빛을 찾을 수 있을까.
이 여성의 이름은 에린 브로코비치. 그녀는 겨우겨우 변호사 사무소에서 일하게 된다. 그녀가 할 수 있는 일은 우편물을 수

발해서 분류하고 정리하는 것이었다. 그러던 어느 날 우연히 의심쩍은 서신에 눈이 간다. 호기심이 생겨 그 사건에 관심을 갖고 조사해 나간다. 이윽고 엄청난 사실을 알게 된다. 대기업 피엔지가 운영하는 공장이 무단으로 폐수를 방류해 왔으며 이로 인해 인근 주민이 심각한 질병에 시달리고 있던 것이다. 더욱이 피엔지가 이를 법률적으로 은폐하고자 손을 썼다는 사실까지 알아낸다. 그녀는 협박과 방해 속에서도 끈질기게 사건을 추적했다. 그 결과 결정적 단서와 증언을 확보하게 된다. 결국 피엔지는 그녀의 신고로 3억 3,300만 달러라는 사상 초유의 배상액을 물게 된다.

사람은 불공평한 조건을 갖는다. 누구는 유리한 조건을 갖지만 누구는 불리한 조건을 갖는다. 이해를 돕기 위해 돈으로 계산해 보자. 어떤 사람은 10억 원을 갖고 출발한다. 어떤 사람은 5억 원의 빚을 지고 시작한다. 물론 돈도 없고 빚도 없이 무일푼으로 출발선에 서는 사람도 있다. 이 모습을 평등하다고는 할 수 없다.

하지만 이들에게 각각 3억 3,300만 달러를 준다면 어떻게 될까? 당시 환율과 물가를 계산하면 약 5,000억 원이다. 이렇게 하면 이들이 갖게 되는 돈은 당연 달라진다. 10억 원을 갖고 있던 사람은 5,010억 원이 된다. 5억을 빚진 사람은 4,995억 원이 된다. 무일푼이었던 사람은 5,000억 원이 된다. 아직도 이들이 불공평한가? 더 이상 아니다. 이들을 실제 나란히 세워 비교해 보자. 5,010억 원과 5,000억 원과 4,995억 원이다. 이것은 거의 차이가 없이 같다고 할 수 있다.

사람은 그릇이다. 누구는 화려한 그릇일 수도 있고 누구는 평범한 그릇일 수도 있다. 낡아서 금이 간 그릇일 수도 있고 심지어 돈을 주고 빌려 온 그릇일 수도 있다. 하지만 이들 그릇에 그 가격과는 비교할 수 없는 화려한 보물을 담는다면 어떻게 될까. 원래의 가격은 상관없이 그릇은 보물과 함께 귀한 대접을 받는다. 그릇은 그 자체의 가격이 아닌 담고 있는 보물에 따라 가치가 결정되기 때문이다.

사람도 마찬가지다. 인간은 존엄하다. 이는 인간이 훌륭하거나 위대하기 때문이 아니다. 오히려 역사는 인간이 얼마나 악하고 부족한지 말해 주고 있다. 하지만 인간이 존엄할 수 있는 이유는 그릇처럼 외양이나 조건이 어떻건 그 안에 귀한 보배, 곧 사랑, 헌신, 정의, 창의 등을 담을 수 있기 때문이다. 그릇인 인간은 그가 담은 보배의 가치로 인해 존엄해진다.

_____ 행복과 인간, 그리고 발전

이제 하나의 결론이 남았다. 행복은 대상만 남고 나는 사라지는 것이라고 했다. 그리고 인간은 어떤 것을 담는 그릇이라고 했다. 귀한 보물을 담을 때 그릇은 사라진다. 행복과 인간. '사라진다'라는 단어로 두 개념이 묘하게 만나지 않는가? 인간은 어떤 대상을 담을 때 사라지는 그릇이며, 이때 행복의 감정을 느낀다는 것이다. 인간이 행복해야 하는 이유는 여기에 있다. 행복은 감정뿐 아니라 인간이 추구하는 본연의 모습이며 그것을 지향하기 때문이다.

발전도 이러한 관점에서 접근할 수 있다. 발전은 인간 본연의 모습을 누릴 수 있도록 기반을 마련해 주는 것이다. 지금까지의 발전을 부정하는 것이 아니다. 오히려 통용되었던 발전의 이미지는 이 정의와 밀접하게 닿아 있다. 사회 기반 시설을 마련하고 통신과 이동이 편리하도록 하여 인간은 자신의 행복에 더욱 집중할 수 있게 되었다. 다만 기본이 되는 핵심 개념이 빠져 버리자 발전은 숫자로 지표되어 달성해야 할 목표가 되어 버린 것이다. 행복을 위한 발전이 아니라, 발전을 위한 발전으로 방향이 엇나가 불행으로 변질된 것이다.

발전의 완급은 특성상 정하기 어려울 수도 있다. 그러나 사회의 지향점이 발전이 아니라 행복으로 맞춰진다면 그 선은 자연적으로 정해진다. 행복은 발전을 이끌기 때문이다. 즉, 개인의 행복이 인류의 역사를 바꿔 놓는 발전으로 이어진다. 실제 이러한 사례는 쉽게 찾을 수 있다. 비행기를 예로 들어 보자. 사람과 물적 자원의 이동에 있어 혁신적으로 시간을 단축했으며 미지의 세계를 탐험하고, 정치·경제·문화 등의 교류에 있어 혁명과도 같은 이바지를 한 비행기. 비행기의 발전은 두 사람의 행복에서 시작되었다. 비행기를 발명한 라이트 형제 중 동생인 오빌 라이트는 형과 함께 비행시험을 하던 당시를 회상하며 다음과 같이 말했다.

형과 나는 실험할 수 있는 아침이 어서 오길 기다렸다. 그 시절이 우리에게 가장 행복한 시간이었다.

행복은 발전을 이끈다. 나는 행복한가? 내가 행복해야 한다. 내가 행복해야 세상이 발전하는 것이다.

그렇다면 건강한 행복은 무엇일까? 사람은 행복을 원한다. 행복을 위해 개인마다 취미 생활을 하고 직업과 연결시키기도 한다. 그런데 취미는 사람마다 다르다. 행복이라는 공통분모로 이들을 묶을 수 있지만 각각의 관심사는 다르다.

이들을 다시 하나로 묶을 수 있는 대주제가 있을까? 유명한 철학 소설 《소피의 세계》의 주인공인 소피라는 소녀도 같은 생각을 했다. 소피는 사람들의 취미를 관찰하면서 모든 사람의 공통 관심사가 존재하는가에 대한 질문에 도달했다. 모두의 흥미를 끌 수 있는 것은 없는 것일까? 누구든, 어디에 살든, 모두가 관심을 갖는 것은 없는 것일까? 무엇이 삶에서 가장 중요한 질문일까? 기본적인 욕구가 충족되었을 때도 모두가 필요로 하는 것이 있을까?

확실히 모두의 관심을 끄는 질문이 있다. 그것은 "우리는 누구이고 왜 여기에 있는가"이다. 어째서 모든 질문 중에 가장 핵심적이고, 보기에 따라서는 가장 자연스러운 이 질문에 집중할 수가 없는 것일까.

같은 질문을 한 사람이 또 있다. 화가 폴 고갱이다. 그는 타히티라는 원주민이 사는 섬나라에 가서 한 장의 명화를 완성한다. 원주민이 태어나고, 젊은 날을 보내고, 죽는 세 장면을 한 폭의 그림에 담았다. 그리고 제목을 다음과 같이 붙였다. "우리는 어디에서 왔는가? 우리는 누구인가? 우리는 어디로 가는가?Doù Venons Nous? Que Sommes Nous? Où Allons Nous?"

그림을 본 사람들은 이 철학적 질문에 대해 고민했다. 그림의 제목과 그림에서 표현된 내용이 단번에 이어지지 않았기 때문이다. 고상한 질문과 그의 그림은 거리가 멀어 보였다. 그러나 그에게는 그 그림이 최선의 답이었다. 아니, 그가 아닌 다른 어떤 사람이라도 질문에 대한 답변은 그 그림 외에는 없을 것이다.

고갱은 문화와 교양의 중심이라고 할 수 있는 파리에서 한때 부유하게 살았다. 이후 화가로 전향하여 작품 활동을 하다가 태평양의 작은 섬 타히티로 가서 원주민들의 생활을 접하게 된다. 수년 동안 그들과 생활하면서 그는 자연스레 파리의 문화와 타히티의 생활을 비교했을 것이다. 그리고 그는 위의 질문에 대한 답변에 접근하게 된다. 그가 낸 결론은 파리 상류층과 원주민이 크게 다르지 않다는 것이었다. 문화는 물론, 글자가 뭔지도 모르고 일생을 사는 타히티 원주민과 수준 높은 교육과 문화를 가까이 하며 살아가는 도시의 삶이 결국은 어떤 점에서 같다는 것을 느낀 것이다. 그는 자신의 깨달음을 그림에 표현했다.

그 깨달음이란 '죽음'이었다. 유럽의 상류층이나 타히티의 원주민이나, 태어나서 살다가 죽는 건 일반이라는 것이다. 그는 그림에 긴 제목을 붙였지만 단순하게 한 단어로 귀결된다. 고갱이 가졌

폴 고갱(Paul Gauguin, 1848~1903),
Doù Venons Nous? Que Sommes Nous? Où Allons Nous?(1897년 작품)

던 의문도 소피가 구했던 답도 같은 것이었다. 죽음이었다. 모두가 같은 질문 위에 있으면서도 애써 외면하고 집중하기 어려운 그 질문. '우리는 누구이며, 어디에서 와서 어디로 가는가?' 그 답은 죽음이었던 것이다.

무언가에 몰두하는 것을 행복이라고 느끼는 이유는 무엇일까? 그 자체의 즐거움도 있지만 한편으로 시간이 가면서 두려움이 따르기 때문이다. 시간 끝에는 죽음이 있다. 나를 포함해서 누구나, 모두가 죽기 마련이다. 시간 끝에 다다르면 죽음을 감지한다. 단순히 육체의 죽음만은 아닐 것이다. 따라서 그것을 잊게 해주는 무언가를 원한다. 무언가에 몰두하는 일은 즐거움을 주며 두려움을 없앤다. 그렇기에 행복하다고 한다.

문제는 거기서 빠져나오는 것을 두려워하여 계속 그 안에 머무르려고 하는 것이다. 이를 '중독'이라고 한다. 알코올 중독, 도박 중독, 성 중독, 인터넷 중독. 현대처럼 중독이 큰 문제가 된 시대는 없는 것 같다.

그런데 신앙에 있어 죽음은 다른 의미다. 성경은 죽음에 대해 명확한 답을 제시한다. 성경이 바로잡은 신앙은 시간 가는 것을 두려워하지 않는다. 물론 신앙인에게도 시간을 잊게 해주는 재미있고 즐거운 것이 있기 마련이다. 하지만 그것에 깊이 빠져들지는 않는다. 즐거움의 몰두에서 빠져 나와 시간의 흐름 속에 머물러도 자유할 수 있다. 신앙은 물리적 시간이 아닌, 더 큰 의미의 시간을 소유하고 있기 때문이다.

시간 가는 것이 두려워 숨어들 듯 그 안에 도망쳐 있는 행복. 시간이 가도 괜찮다며 언제든 빠져나올 수 있는 탈출구를 마련해 둔 자가 누리는, 마치 롤러코스터와 같은 행복. 어느 쪽이 더 건강한가?

인간에게 세상의 풍성한 것들을 건강하게 누리게 하는 것, 이것이 바로 신앙이다.

_____ 환경의 끝판왕

사람들에게 다음의 두 선택지를 제시하고 자신이 살고 싶은 사회를 선택하게 했다. 사람들은 어떤 사회를 더 원했을까?

> 1. 내 연소득이 5만 달러이고, 다른 사람은 2만 5천 달러를 버는 사회.
> 2. 내 연소득이 10만 달러이고, 다른 사람들은 20만 달러를 버는 사회.

조사 결과 대다수의 사람이 1번을 선택했다. 물론 1번에 비해 2번 사회가 더 많은 수입을 얻는다. 그러나 사람들에게 자신의 수입은 그리 중요하지 않았다. 그보다는 다른 사람에 비해 적게 버는 것을 원하지 않았다. 사람들은 차라리 수입 자체는 적더라도 내가 다른 사람에 비해 많이 버는 2번 사회를 원했다. 경제학자 사라 J. 솔닉은 위의 질문지를 통해 사람에게 내재된 성향을 끄집어내려고 했다. 비교의식. 내가 가진 것에 만족하지 않고 남들과 비교하려는 경향을 말한다. 비교의식의 내면에는 내가 더 나은가 확인하겠다는 심리가 저변에 깔려 있다.

비교의식은 변질되기 마련이다. 남과 비교해서 인정받으면 기분이 좋다. 남보다 낫다는 우월감이 쾌감을 주는 것이다. 이에 도취되면 그 쾌감을 추구한다. 이제 비교의 결과로 얻어지는 우월감을 바라는 것이 아니라 우월감 자체에서 출발한다. 내가 다른 사람보다 나아야 한다. 이를 교만이라고 한다.

그러나 비교의 근거에는 한계가 있다. 아무리 잘난 사람이라도 비교우위가 될 만한 근거가 금방 동나 버리기 때문이다. 비교의 밑바닥까지 드러내어 벌거벗긴 사람의 모습은 누구나 동일하다.

우위의 근거가 떨어져도 우월감을 유지할 수 있는 방법이 있기는 하다. 방금 벌거벗은 사람의 모습은 모두 같다고 했다. 여기서 사람들은 반대로 생각했다. '무언가를 입혀 놓은 모습은 다르게 보인다.' 사람은 입는 것에 따라 상당한 차이가 있었다. 이를 간파한 상인들은 사람들의 욕망을 자극했다. 무언가 근사한 것으로 치장하면 비교에서 앞선다. 이들은 우월감이라는 욕망을 반영한 상품을 기획했다.

1956년 미용회사 클레롤은 획기적인 제품을 선보인다. 염색 샴푸 미스클레롤이었다. 이 제품으로 머리를 감으면 20분 만에 염색이 가능했다. 그전까지는 단계별로 염색약을 써야 했기 때문에 시간이 오래 걸리고 부담이 컸다. 염색을 하는 사람은 소수에 불과했다. 미스클레롤은 이러한 수고를 단숨에 덜어 주는 획기적인 상품이었다.

문제는 포지셔닝이었다. 까다로운 과정 때문에 염색은 대중적이지 않았다. 더욱이 당시 보수적인 사회 분위기에서 인위적으로 외모를 바꾼다는 것은 부정적으로 받아들여졌다. 클레롤의 마케터들은 저조한 판매량에 실망했고 이러한 난관을 타개하기 위해 광고를 기획했다.

광고를 담당한 사람은 셜리 폴리코프라는 여성 기획자였다. 그녀는 성적 매력이 넘치는 예쁜 모델을 거부했다. 대신 '일반 주부보다 조금 더 예쁘고 일반 가정보다 약간 더 좋은 집에 사는, 그 동네에서 세련됨으로 인기가 있는 주부'의 느낌이 나는 모델을 내세웠다. 촬영장에서 모델은 아이와 함께 가정에서 단란한 한때를 보내며 행복한 미소를 지어 보였다. 셜리는 신문과 잡지에 미스클레롤을 사진과 함께 광고했다. 광고에서 가장 눈에 띄는 부분은 모델의 머리 색이었다.

셜리의 광고는 당시 염색에 대한 부정적인 인식을 교묘하게 피해 가는 한편, 머리 색만으로 광고 모델처럼 될 수 있다는 욕망을 불러일으켰다. 광고를 접한 여성들은 제품을 통해 자신의 모습이 바뀔 수 있다는 기대를 갖게 되었다. 미스클레롤은 광고 후 불티나게 팔렸고 셜리는 염색 대중화에 일등공신이 된다.

미스클레롤을 통해 구매자들이 얻고자 한 것은 단순 염색약이 아니었다. 광고 속에 풍기는 모습과 가까워지려는 선택이었다. 즉 이미지였다. 셜리가 간파한 것은 단순한 여성들의 욕망의 결핍뿐 아니라 상품의 이미지가 주는 충족이었다. 상품이 단순 실용이나 기능을 제공하는 데 그치지 않고 이미지를 제공한다는 것을 깨달으면서 시장의 성격은 완전히 탈바꿈하게 된다. 상품이 아니라 이미지를 팔게 된 것이다. 상품의 이미지, 이를 브랜드라고 한다. 각 회사나 상품은 브랜드를 기획하고 그것에 어울리는 이미지를 제공함으로써 구매를 부추긴다. 그 과정에서 사람들은 광고가 주는 욕망에 자극된다.

형태적 폐기. 충분히 기능할 수 있는데 디자인이 낡아서 버린다는 말이다. 마케터와 디자이너들은 상품을 화려하고 세련되게 하여 시장에 내놓는다. 이전의 물건으로는 세대에 뒤처진다는 의미를 주며 새로운 제품 구매를 자극한다. 충분히 기능할 수 있는데 디자인이 뒤처져서 버려진다. 이 과정에서 환경오염이 발생되는 것은 자명하다.

이미지는 세상을 지배한다. 비단 상품만이 아니다. 선거에서도 이미지는 치명적으로 관계된다. 다음은 영화 〈컨트롤러〉의 한 장면이다.

"1998년, 전 GQ지의 표지 기사에 실렸습니다. 제목은 '역대 최연소 하원의원'이었죠. 그 이후 모든 이야기는 제가 어떻게 그렇게 빨리 그 자리에 올랐는가를 설명하려고 했고, 사람들이 항상 사용했던 말은 '믿을 만한'이었죠.

　하지만 문제는 이겁니다. 이 넥타이는 사실 제 것이 아닙니다. 이 넥타이는 전문가들이 절 위해 골라 준 겁니다. 56종을 시험해서 골라 줬죠. 사실 우리 자료에 의하면 저는 빨간색이나 파란색 넥타이를 고수해야 했습니다. 노란색은 제가 사태를 가볍게 여기는 것처럼 보이게 했습니다. 사실 전 아무 때고 또 바지를 벗을지도 모릅니다. 은색은 제가 근본을 잊었다는 걸 의미했죠.

　(곧 자신이 신고 있는 구두를 벗어 앞에 난 흠집을 보여 준다.)

　제 구두입니다. 아시다시피, 광이 나는 구두는 잘나가는 변호사나 금융인을 연상시킵니다. 만약 노동자들의 표를 얻고 싶으면 신발에 살짝 흠집을 낼 필요가 있습니다. 하지만 너무 심하게 흠집을 내면 변호사들이나 금융인들과 멀어질 수 있죠. 때문에 아까 그 전문가들에게 돈을 줘야 했죠. 그럼 어느 정도가 적당한 흠집일까요? 우리가 그 상담료로 7,300달러를 지불한 건 모르시죠? 7,300달러로 얻은 이것이 완벽한 흠집의 정도입니다."

　선거는 직책에 적합한 사람을 신중히 고려하여 선택해야 한다. 하지만 너무 많은 후보가 등장했다. 유권자들은 혼란스러워했다. 이때 후보자들이 택한 방법은 스스로 상품, 이미지, 브랜드가 되는 것이었다.

　이미지에 의한 선택. 상품 선택과 같다. 유권자들은 자신이 선택한 후보자의 이미지가 나의 바람, 나의 욕망과 일치하는지 판단했다. 내가 선택한 후보자의 이미지는 내가 보이고 싶은 내 이미지였다.

현대사회에서 일반화된 이미지 선거는 사람이 얼마나 이미지에 쉽게 좌우되는지 알 수 있는 사례이다. 세상은 이미지에 지배되고 있는 셈이다.

앞서 비교의식이 변질되어 우월감 자체를 바라는 교만이 된다고 했다. 그리고 내가 겉으로 차려입은 모습, 이미지에서 우월감을 내세운다. 이미지는 교만과 만나 유형의 모습을 만들게 된다. 그 유형을 내 안에 세우거나 타인에게 입혀 숭배한다. 이것이 우상이 되는 과정이다. 기독교가 가장 경계하는 것. 스스로를 숭배하며 외부로부터 단절되는 것이다.

영화 〈스타워즈 3〉는 이러한 과정을 잘 묘사하고 있다. 주인공 아나킨은 엄청난 능력을 가졌지만 어머니가 살해당하는 충격을 겪게 된다. 어렸을 적 오랜 기간 그리워했던 어머니였기에 상처는 더욱 깊었다. 그의 상처는 불안감으로 번진다. 그는 현재 자신이 사랑하는 연인을 지키지 못할까 노심초사하며 끊임없는 우월감을 갈망한다. 그 갈망은 교만이 되어 스스로를 괴물로 만들어간다.

사랑이 널 구해 주지는 못해. 내 새로운 힘으로만 널 구할 수 있어. 어머니처럼 당신을 잃어버리진 않을 거야. 난 제다이가 꿈꿔 오던 그 어떤 것보다 더욱 강력해졌어. 널 위해 그렇게 된 거야. 당신을 보호하기 위해. 우리는 더 이상 도망갈 필요가 없어. 난 공화국에 평화를 가져

다쳤어. 난 의장보다도 더 막강해. 난 그를 굴복시킬 수도 있어. 그리고 너와 함께 은하계를 지배하는 거야. 모든 걸 우리가 원하는 대로 만들면서.

_____ 진정한 강함

우월감에서 얻어지는 쾌감과 안정에 익숙해지면 교만이라는 신을 소환하게 된다. 교만은 스스로 신이 되려는 욕망의 원천이 된다. 교만이 기독교에서 가장 경계하는 악인 이유가 여기에 있다.

교만의 함정에 빠지지 않기 위해서는 우월감이 아니라 진정한 힘에서 출발해야 한다. 진정한 힘은 비교에서 시작되지 않는다. 따라서 교만으로 이어지지도 않는다.

진정한 강함이란 비교의식에서 벗어나는 것에서 출발한다. 비교의식에서 벗어나는 방법은 그 반대말에서 접근할 수 있다. 자존감이다.

근심하는 자 같으나 항상 기뻐하고 가난한 자 같으나 많은 사람을 부요하게 하고 아무것도 없는 자 같으나 모든 것을 가진 자로다(고후 6:10).

이 말씀이 표현하고 있는 단어는 자존감이다. 자존감은 나를 소중히 여기는 마음이다. 더 자세히 말하면 나의 능력을 소중히 여기는 것이다. 아무리 초라하고 보잘것없는 능력이라도 소중히 여기고 남을 돕는 데 사용하면 우월감이 틈탈 수 없다. 이렇게 정의된 자존감은 신의 부재를 감지한 또 다른 괴물의 탄생을 막는다.

사람들은 눈에 보이지 않기 때문에 하나님이 없다고 말하지 않는다. 하나님을 믿는다는 신앙인들이 하나님의 모습을 보여 주지 못하기 때문에 하나님이 없다고 말하는 것이다. 내 소유, 내 열등감, 내 비교의식, 내 교만. 그 속에는 하나님이 없다. 그 안에서 빠져나와 누군가를 도울 때 세상은 비로소 하나님을 발견한다. 나와 너, 그 사이에.

과학 보트를 타고 신앙 섬에 이르다

본 책은 한 신학대에서 교양과학을 가르치면서 강의한 내용들을 담은 것이다. 면접 당시 교목 목사님께서 학생들의 신앙이 흔들리지 않도록 당부하셨던 것이 기억난다. 나중에 알게 되었지만 그 학교는 보수적인 분위기가 강했고, 필자가 가르쳤던 내용이 과학이라 다소 우려가 있으셨기 때문으로 짐작된다.

필자가 담당한 과목은 환경과 생명과학이었다. 환경은 그렇다 치더라도 생명과학은 목사님께서 우려하던 부분을 금방 찾아낼 수 있었다. 진화론이었다. 진화론을 제외한 채 수업을 진행하기에 생명과학의 대부분은 진화론 기반으로 내용이 전개되었다. 그렇다고 아예 수업을 창조과학의 내용으로 대체하기란 무리가 있었다. 수업 커리큘럼을 어떻게 구성할까 오랜 시간 고민했다.

해결책은 멀리 있지 않았다. 기독교를 지키겠다는 내 욕심이 앞섰음을 깨달았다. 미천한 지식으로 무작정 지키려고 하니 방어는 더욱 불가해졌다. 욕심을 내려놓자 진화론을 정면으로 바라보게 되었다. 진화론을 제대로 공부해 보자는 마음이 생겼다. 물론 진화론을 학술적으로 다룬 방대한 자료들은 큰 부담이었다. 그러나 그를 지지하는 구성은 그리 치밀하지 않았다. 내친김에 과학이라는 학문이 연구 결과를 내놓는 과정을 검토해 보았다. 그 결과 진화론과 과학은 숨겨진 진리를 찾아내는 것이 아니라, 도출된 결론에 불과했다. 도출하는 과정은 결점이 존재하는 불완전한 블럭 쌓기일 뿐이었다.

수업이 나름 제 색깔을 찾아가다 보니 진화론 외의 생명과학과 환경문제 역시 방어나 부정이 아닌 탐구에서 시작할 수 있었다. 진화론 뒤에 과학이 있듯이 생명과학과 환경문제에도 그 뒤에 무언가가 있었다. 인간이었다. 과학의 틀에서 벗어나니 단순한 학술적 접근에서, 보다 인간의 모습을 살펴보게 되었다. 이번에는 '인간의 참모습이란 이런 것이구나'라는 깨달음을 얻을 수 있었다. 이들 속에서 신앙과 삶에서 보다 뜻깊은 의미들을 알 수 있었다.

필자가 맡은 수업들이 정립되자, 그 내용들은 결국 하나의 큰 흐름으로 연결되고 있음을 알게 되었다. 그 결론은, 과학은 신앙에 묻고 있다는 것이었다. 여기서 묻는다는 것은 반하는 감정으로 답하기 어려운 곤란한 질문 공세를 하는 것이 아니라, 진지한 자세로 답변을 기다리고 있다는 의미이다.

교회가 과학을 기피하는 이유는 과학이 기독교를 부정하기 때문이다. 진화론은 창조를 부정한다. 또한 생명과학은 윤리에 답변하기 곤란한 질문을 던진다. 환경문제를 다룬 교양서적들은 기독교가 환경오염의 주된 원인이라고 지목하고 있다. 그러나 이들의 주장은 겉에서 보이는 껍질일 뿐이다. 껍질 속에는 오히려 신앙을 굳건히 해줄 여정이 기다리고 있다. 과학은 허점이 분명한 불완전체이며 진화론 역시 그 한계에서 벗어나지 못한다. 이 과정은 신앙인에게 이성이라는 무기를 예리하게 단련시켜 준다. 이어지는 생명과학과 환경문제는 본질에 접근할수록 인간의 속성을 이끌어 내주며 귀결점은 오히려 하나님이라는 사실을 시사한다. **본 책의 전반적인 흐름을 통해 과학에서 접근된 논의는 점차 인간에게 신을 찾게 해주는 여정으로 이어지게 됨을 알게 될 것이다.**

필자가 감히 신앙에 대한 책을 내놓는다는 사실에 스스로부터도 걱정이 앞선다. 그러나 의외로 과학이나 환경문제에 대해 교회가 근거로 삼거나 신앙인이 참고할 만한 서적은 턱없이 부족하다. 더욱이 출간된 책들 중에서도 부적절한 주장으로 되려 신앙을 혼란하게 하는 내용이 다수 포함되어 있었다. 앞서 교목 목사님의 우려는 단순한 기독교의 지킴이 아니라, 단지 사실 왜곡에 요동치는 신앙인들을 향한 걱정이었던 것이다. 필자는 이러한 사실을 직시하여 부끄러움을 떨치고 부족한 원고를 세상에 내놓는다.

2016년 11월
이재엽

용어 해설

1. **양자역학** 원자 세계를 설명하는 물리학. 양자는 에너지를 비롯한 원자 내의 현상을 어떤 단위체로 보는 표현이다. 양자의 거동은 고전역학을 따르지 않으므로 이를 설명하기 위해 별도의 물리학으로 정립되었다.

2. **반증가능성** 과학의 어떤 결론은 그와 반대되는 사례에 의해 언제든 반증될 수 있으며, 그러한 가능성을 열어 두어야 한다는 과학 고유의 속성. 반증의 가능성을 배제한다면 과학 진술로 인정되지 않는다. 과학이 진실 또는 진리에 접근하기 위해서는 변화에 늘 열려 있어야 한다는 개념이다.

3. **잠정성** 현재의 과학적 결론은 반증가능성 등에 의해 언제든 뒤집힐 수 있으므로 향후에 충분히 번복될 수 있다.

4. **과학적 방법** 과학으로 자연에 관한 지식 또는 이해를 얻고자 할 때의 구체적인 접근 방법. 가설의 정립과 검증을 핵심으로 한다.

5. **뉴턴 운동 법칙** 물체에 작용하는 힘과 운동 관계를 설명하는 물리. 양자역학, 상대성 이론 등과 구분하여 고전역학이라고도 한다.

6. **프랙탈** 자기 닮음 구조. 전체 형상 중에서 작은 일부는 보다 큰 부분의 모양과 비슷하며, 이러한 패턴이 조화하여 전체를 구성하게 된다. 대표적으로 눈송이의 결정이 형성되는 패턴을 들 수 있다.

7. **계통수** 생물을 분류하기 위해 나무를 도입하여 나타낸 그림으로, 다른 종으로 분류되는 과정을 가지가 뻗는 형태로 비유했다. 이후 진화론에서 기존의 종으로부터 새로운 종이 출현하는 과정(종분화)을 표현하게 되면서 모든 생물을 아우르는 체계로 정립된다.

8. **분자유전학** DNA 등 분자 수준의 정보를 바탕으로 종 또는 개체 간 유전 관계를 규명하는 학문.

9. **자연신학** 자연현상에서 관찰되는 경이와 섭리가 창조주의 존재 및 성품을 알 수 있게 한다는 주장의 신학 분야.

10. **용불용설** 환경에 적응하면서 획득한 형질이 다음 세대에 영향을 주어 진화하게 된다는 학설. 자연선택을 핵심으로 하는 다윈의 진화론과는 차이가 있으나 당시는 충돌하지 않았다. 유전학의 발달로 획득 형질의 유전은 일어나지 않음이 밝혀지면서 오류로 판명되었다.

11. **감수분열** 개체에서 쌍을 이루던 유전정보가 생식세포가 될 때 반으로 감수되며 암수의 유전자가 교배에 의해 다시 조합되는 현상.

12. **유전형질** 유전정보에 담겨 있어 그의 지시대로 나타나게 되는 형질.

13. **발현형질** 유전정보와 주변 환경이 상호하여 실제 생물에 나타나는 형질.

14. **대립형질** 유전정보에 의해 표현되는 형질의 최소 단위. 같은 수준의 대립형질은 우열의 법칙 등 서로의 경쟁에 의해 표현되거나 감추어진다.

15. **우생학** 인류를 유전학적으로 개량하고자 하는 목적으로 관련된 조건과 통제를 연구하는 학문.

16. **환원주의** 복잡 또는 상위 단계의 개념을 하위 단계 요소로 분해하여 명확하게 파악할 수 있다는 주장 또는 접근 방법.

17. **지적설계론** 대상이 설계되었는지 여부를 사례 또는 논증을 통해 규명하는 탐구 및 이론. 설계가 되었다는 근거를 통해 설계자가 존재한다는 논리가 핵심이 된다.

18. **교감신경** 신체가 위험 상황에 대처할 수 있도록 긴장된 상태를 일으키는 신경 체계.

19. **부교감신경** 교감신경에 의해 형성된 긴장된 상태를 해소하게 하는 신경 체계.

20. **소해면상뇌병증** 소에게 생기는 신경 퇴행성 질환으로 신경 기능을 비롯한 신체가 마비되는 치명적 질환이다. 뇌와 척수가 스펀지(해면)처럼 된다고 하여 붙여졌다.

21. **변종 크로이츠펠트-야곱병** 크로이츠펠트-야곱병은 사람에게 발생하는 희귀성 퇴행성 신경 질환으로 뇌의 신경세포가 기능을 상실하여 신경이 마비되는 등 신체 기능을 상실하게 되는 병이다. 광우병은 변종 크로이츠펠트-야곱병으로 분류된다.

인용 및 참고문헌

들어가는 말. Double Think, 모순의 바다에 빠지다
- 영화 〈디태치먼트〉(2011)
- 김윤성, 신재식, 장대익,《종교전쟁》(사이언스북스, 2009)

과학은 완벽할까?
- John W. Hill,《화학의 세계》(라이프사이언스, 2014)
- 위키백과, http://ko.wikipedia.org, "과학적 방법"

적벽대전에 숨은 과학
- 나관중,《삼국지》(민음사, 2002)
- 〈동아일보〉, "삼국지 적벽대전 '제갈량 남동풍'의 비밀은", 2009년 9월 23일 기사.

과학을 왜 진리로 받아들일까?
- 김윤성, 신재식, 장대익,《종교전쟁》(사이언스북스, 2009)
- 영화 〈셜록홈즈 1〉(2009)
- 위키백과, http://ko.wikipedia.org, "과학적 방법"

과학, 종교재판을 받다
- A. J. 크로닌,《천국의 열쇠》(바오로딸, 2008)

증거 vs. 믿음
- 영화 〈금발이 너무해 1〉(2001)
- 리처드 도킨스,《이기적 유전자》원문 p. 198
- 알리스터 맥그래스,《도킨스의 신》(SFC, 2007)
- 영화 〈더 리버 와이〉(2010)

- 영화 〈컨택트〉(1997)

썸씽은 분명히 존재한다

- 영화 〈너에게 닿기를〉(2010)
- 후지TV 드라마 〈히어로〉(2001)
- 피천득, 《인연》(샘터사, 2002)

과학은 선일까, 악일까?

- 루디 러커, 《사고혁명》(열린책들, 2001)
- EBS 다큐멘터리 〈지식채널e〉, 472편 '천사와 악마', 2008년 11월 3일 방송.

계층구조 세우기

- C. S. 루이스, 《순전한 기독교》(홍성사, 2008)

계통수와 진화론의 만남

- Charles Darwin, The Origin of Species by Means of Natural Selection, or the Preservation of Favoured Races in the Struggle for Life (6th ed.), 1872
- 〈동아일보〉, "네안데르탈인 인류조상 아니다", 1997년 7월 12일 기사.
- 〈The ScienceTimes〉, "진드기가 진화이론을 바꾼다", 2013년 6월 20일 기사.

진화론은 두려움의 대상이 아니다

- EBS 다큐멘터리 〈인간의 두 얼굴〉, 2-2편 '아름다운 세상', 2009년 4월 28일 방송.

《종의 기원》, 찰스 다윈의 등장

- 알리스터 맥그래스, 《도킨스의 신》(SFC, 2007)

논리가 지나치면 넌센스가 된다

- 위키백과, http://ko.wikipedia.org, "유전자부동"
- 짐 배것, 《퀀텀스토리》(반니, 2014)
- 리처드 도킨스, 《이기적 유전자》(을유문화사, 2010)

이기적 유전자의 탄생

- EBS 다큐멘터리 〈신과 다윈의 시대〉, 2편 '진화론 신을 묻다', 2009년 3월 10일 방송.
- 안승구 외,《생태학》(신광문화사, 1997)
- 리처드 도킨스,《이기적 유전자》(을유문화사, 2010)
- 알리스터 맥그래스,《도킨스의 신》(SFC, 2007)

간결함이 곧 진리는 아니다

- 알리스터 맥그래스,《도킨스의 신》(SFC, 2007)

진화론, 과학을 넘어 패러다임이 되다

- 미나가와 료우지,《암스》(삼양출판사, 2011)
- 마이클 샌델,《생명의 윤리를 말하다》(동녘, 2010)
- 위키백과, http://ko.wikipedia.org, "환원주의"
- 〈매일신문〉, 2010년 6월 28일 기사.
- 영화 〈밀양〉(2007)
- 미우라 아야코,《빙점》(홍신문화사, 2011)

0과 1 사이를 반복하는 지적설계론

- EBS 다큐멘터리 〈신과 다윈의 시대〉, 2편 '신과 과학, 진화를 묻다', 2009년 3월 9일 방송.
- 위키백과, http://ko.wikipedia.org, "무신론자 목록"
- 영화 〈추방〉(2008)

창조의 근원을 찾아서

- 가네시로 카즈키,《GO》(북폴리오, 2006)

새로운 윤리 문제, 로봇과 인간

- 영화 〈스타워즈 2: 클론의 습격〉(2002)
- 〈동아일보〉, '사이보그 의수 현실화 성공, 로봇 팔이 사람과 같아져', 2014년 10월 11일 기사.
- SBS 뉴스, '국내 3번째 인공심장 이식 성공', 2013년 1월 10일 보도.
- 영화 〈로보캅〉(2013)
- 영화 〈바이센테니얼맨〉(1999)

'인간다운' 인간이란 무엇일까?

- 위키백과, http://ko.wikipedia.org, "딥 블루"
- 마크 베코프, 《동물의 감정》(시그마북스, 2008)
- 김상운, 《왓칭》(정신세계사, 2011)
- 영화 〈바이센테니얼맨〉(1999)
- 안토니오 다마지오, 《데카르트의 오류》(중앙문화사, 1999)

이성에서 시작된 '왜'라는 질문

- 영화 〈터미네이터〉(1984)
- 영화 〈아이, 로봇〉(2004)
- 아이작 아시모프 《로봇6: 로봇과 제국》(현대정보문화사, 1992)
- 위키백과, http://ko.wikipedia.org, "이성"
- 영화 〈블레이드 러너〉(1982)
- 맥스 루케이도, 《너는 특별하단다》(고슴도치, 2002)

몸의 스위치 고장, 스트레스

- KBS2 개그콘서트 〈불편한 진실〉, 628편, 2012년 1월 8일 방송.
- 강경희 외, 《셀프코칭》(휘슬러, 2003)

무의식과 치유의 원리

- EBS 다큐멘터리 〈지식채널e〉, 340편 '10,999,960', 2007년 10월 1일 방송.
- 영화 〈굿 윌 헌팅〉(1997)

심장박동과 인생의 리듬

- TV도쿄 애니메이션 〈그 남자, 그 여자의 사정〉(1998~1999)
- 모토카와 타츠오, 《코끼리의 시간 쥐의 시간》(사계절, 1995)
- EBS 다큐멘터리 〈생명의 디자인〉, 2부 '크기의 법칙', 2009년 10월 20일 방송.

카르페 디엠, 시간을 잡아라

- 영화 〈죽은 시인의 사회〉(1989)

공리주의와 한 생명

- 마이클 샌델,《정의란 무엇인가》(김영사, 2010)
- 한국개발연구원,《예비타당성조사 수행을 위한 일반지침 수정·보완 연구》제4판 (2004)
- 아리지 마사히코, 〈식품의 위해성에 대한 경제학〉(일본 지속가능경제연구소, 2008)
- EBS 다큐멘터리 〈지식채널e〉, 424편 '17년 후', 2008년 5월 12일 방송.
- 영화 〈라이언 일병 구하기〉(1998)
- 이사야 53장(개역개정 4판)

태안 기름 유출 사건에서 본 소망

- 위키백과, http://ko.wikipedia.org, "삼성1호-허베이 스피릿 호 원유 유출 사고"
- EBS 다큐멘터리 〈지식채널e〉, 382편 '그들의 맨손', 2008년 1월 7일 방송.
- 제임스 에머리 화이트,《이해할 수 없는 하나님 사랑하기》(IVP, 2005)
- 윌리엄 폴 영,《오두막》(세계사, 2009)

새로운 환경문제의 출현

- EBS 다큐멘터리 〈지식채널e〉, 824편 '1평방인치의 고요', 2012년 4월 16일 방송.
- EBS 다큐멘터리 〈지식채널e〉, 544편 '잠 못 드는 밤', 2009년 7월 13일 방송.
- 허영만,《식객 1》(김영사, 2003)

경제 논리가 지배하는 생태계

- 권명중,《경제학 성경에 길을 묻다》(21세기북스, 2008)
- 영화 〈불편한 진실〉(2006)
- 안토니오 다마지오,《데카르트의 오류》(중앙문화사, 1999)

발전의 지표는 무엇일까?

- 앨런 와이즈먼,《가비오따스》(랜덤하우스코리아, 2008)
- KBS2 드라마 〈눈의 여왕〉(2006~2007)
- 영화 〈빌리 엘리어트〉(2000)
- 미하이 칙센트미하이,《플로우》(한울림, 2004)
- 오스티엄잡지기획부,《오스티엄》(2009)
- 영화 〈에린브로코비치〉(2000)
- 삼일교회, http://old.samilchurch.com, 2010년 5월 16일 오대식 설교.

행복과 인간, 그리고 발전

• Jostein Gaarder, 《Sophie's World》(FSG, 2007)

환경의 끝판왕

• 말콤 글래드웰, 《그 개는 무엇을 보았나》(김영사, 2010)
• 영화 〈컨트롤러〉(2011)
• 데이비드 브룩스, 《소셜 애니멀》(흐름출판, 2011)
• 영화 〈스타워즈 3: 시스의 복수〉(2005)

진정한 강함

• 고린도후서 6장(개역개정 4판)

나오는 말. 과학 보트를 타고 신앙 섬에 이르다

• 김광렬 외, 《인간과 환경》(동화기술, 2009)

과학은 신앙에
묻고 있다

Science is Facing My Faith

2016. 11. 16. 초판 1쇄 인쇄
2016. 11. 23. 초판 1쇄 발행

지은이 이재엽
펴낸이 정애주
국효숙 김기민 김의연 김준표 김진원 박세정
송승호 오민택 오형탁 윤진숙 이한별 임승철
임진아 정성혜 조주영 차길환 한미영 허은
펴낸곳 주식회사 홍성사
등록번호 제1-499호 1977. 8. 1.
주소 (04084) 서울시 마포구 양화진4길 3
전화 02) 333-5161
팩스 02) 333-5165
홈페이지 www.hsbooks.com
이메일 hsbooks@hsbooks.com
페이스북 facebook.com/hongsungsa
양화진책방 02) 333-5163

ISBN 978-89-365-1192-0 (93230)